陈悦 主编

雪甲午耻

中国海军稀见史料

船政规章文件汇编

陈　悦　编纂

山东画报出版社

雪甲午耻 中国海军稀见史料

主　　编：陈　悦

学术顾问：马幼垣

编 委 会：（按姓氏笔画排序）

　　　　　王记华　王　鹤　方　禾　吉　辰

　　　　　庄　彦　刘　致　余　锴　孙建军

　　　　　李玉生　周政纬　张黎源　钟　琳

　　　　　顾伟欣　章　骞　梁继鸿　萨　苏

档案支持：中国船政文化博物馆

　　　　　中国甲午战争博物院

总 序

众所周知，中国有着辽阔的海疆和十分悠久的航海历史，但真正拥有现代意义上的海军，则不过才是短短百年多前的事情。在一个多世纪前，受1874年日本侵略台湾事件的刺激而渐次兴办成功的北洋海军，是中国第一支现代意义的海军，且曾一度努力登攀到实力雄踞亚洲第一的高位，令人不敢小觑。因而后人回溯中国海军的历史，几乎都会从那支成军于威海卫的海军说起。

当时的日本海军曾经总结到，从北洋海军模样初具的1886年开始，至这支海军被日本超越的1892年之间，正是因为北洋海军的存在，东亚的制海权被掌握在中国之手。尽管制海权一词对当时的中国人还是个极为陌生的概念，而那几年确确实实成了19世纪末东亚海疆最风波安定的时代，然而北洋海军的发展停滞也就从那几年开始。

数年后，中日甲午战争爆发，被国人寄予无限期望的北洋海军浴血作战，拼却一身也未能改变失败的战局，龙旗无助地跌落在威海湾畔。因为北洋海军从兴起到失败的间隔是如此短促、反差是如此强烈，加之北洋海军在鸭绿江口外和日本联合舰队进行的黄海大东沟海战是现代意义的中国海军迄今为止进行过的规模最大的海上战役，使得百年后回溯中国海军的历史，又几乎都会提到北洋海军的覆灭和甲午海战的惨烈。

2011年，山东画报出版社的秦超先生和我商议组编一套收录中国海军历史稀见史料的丛书，几经磋商于是有了本丛书的计划。不过在丛书的名字问题上我们讨论再三，久久未有定论，最终由秦超先生提出了四个来历颇为不凡的字——雪甲午耻。

雪甲午耻，曾是民国南京政府时代中国海军学校中激励将士们的一条著名口号。

甲午战争后，近代中国的国力、近代中国海军的建设一蹶不振，海权沦丧，饱受列强欺压之苦。到了抗战前夕，"雪甲午耻"的口号便被提了出来，乃至成为悬挂在中国海军军官学校内的警语。面对东邻日本咄咄逼人的强大海军，相比之下中国海军显得弱小不堪，此时对于甲午海军之败的惋惜、羞愧、悲痛以至愤怒，在中国海军军人中有了更刻骨铭心的感受。这句带有"靖康耻，犹未雪"意味的话，几乎就是当时中国海军之所以能在严酷的逆境中和入侵的强敌作战不怯的根层信念所在。

随着抗日战争胜利，中国海军以战胜者姿态接受日本海军的赔偿、投降，从日本索回了甲午战争北洋海军遗物，甲午之耻似乎已然洗雪。然而仔细思之，甲午海军覆师之耻，并不能只看作是一支军队的军事上的失败。

从军事角度看，北洋海军甲午海战失败的关键因素之一在于技术装备落后，而之所以落后则是北洋海军从1888年正式成军后不久就被停止了装备的更新。

北洋海军为何在兴起之时突然被自断发展之路？理由当然不是清政府统治阶层某个人或某几个人的思想昏聩所可以解释。相比于传统的陆军，现代意义的海军是一个需要更大和更长期投入才能见效的军种，要使一个国家维持对这一军种进行持续不断的高投入，显然需要让国家看到这种巨额投资的回报所在，即海军需要能够给国家带来利益回报。此种来自于海洋的利益显然不是海军自身所能攫取的，海军在此所起的作用是为国家获取海洋利益保驾护航。百年前的清政府对于海洋利益根本无知，其建设海军的目标也仅仅是防海而已，一旦海上风平浪静，对海军的投资便戛然中止也是意料中事。

因而国家不知道海军的真正价值所在，以及应该如何运用海军，如何去维持一支强大的海军，才是北洋海军甲午战败的悲剧。而这种责任又远不是清政府自身的问题，当国家财政吃紧需要樽节开支时，作为全国知识分子精英的朝堂上的官员们首先想到的是压缩海军费用，即认为在各项国家开支中海军是最可有可无的；当北洋海军战败时，举国舆论在风传各种离奇的关于海军的谣言故事，而并没有去想一想，在承平时代有没有真正关注过自己国家海军的兴废。当时的中国全社会缺乏海洋意识，对海洋权益无知，对海军茫然，这才是甲午海战失败的最根层原因，这也才是真正的甲午耻。

中国正在日益自信地走向海洋的今天，作为历史镜鉴的甲午海战也十分频繁地被人提起，引为教训。此时再说"雪甲午耻"别有一番意义，这一雪耻显然不是指军事上的报复，而是如何让历史上的悲剧永远成为历史。扪心自思，社会缺乏海洋意识、对海洋权益无知、对海军茫然这些问题是否已经绝迹？只有让对海洋的热情和对海军的关注成为根植于社会的一种普遍的文化，在全社会形成真正关注海洋的文化氛围，而不再是只为新闻热点所牵动的一时兴起，我们才能自信地称已经真正在洗雪甲午耻。

适处这一时代，使得研究中国海军的历史同时也具有了强烈的现实意义。通过研究、挖掘历史上中国海军的兴衰胜败，让越来越多的中国人对自己国家海洋上曾经的故事发生兴趣、产生思索，便成了海军史研究者责无旁贷的使命。由此，旨在为学界研究海军历史提供更丰富的资料，使大众能对近代中国海军兴衰的历史产生深思，能对中国海洋、海军的历史与现实有更多的关注的本丛书，用"雪甲午耻"命名则再恰当不过了。

根据计划，本丛书收录整理的范围为中外关于清末至民国时代中国海军历史的稀见史料、著述，其中多为在国内首次出版的，甚至在研究学界也极为罕见的史料，诸如北洋海军访问日本的日记、甲午海战爆发后西方国家的评述等等，都极具研究价值，同时也颇有可读性。本丛书相关的编辑整理以及翻译工作的承担者都是目前中国在海军史研究方面十分活跃和有建树的学者，也大都是海军史研究会的成员，直接由他们整理、校注、翻译这一领域的重要史料无疑最为合适。我忝列主编，谨向参加本丛书计划的各位学者表示由衷的谢意，感谢大家的辛勤工作，希望这套丛书能对中国海军历史的研究普及有所助益，能使更多的国人关注我们的海洋和海军。

陈　悦

2013 年 7 月 1 日

编纂说明

　　1866年由闽浙总督左宗棠上奏设立的船政,是中国历史上第一个综合性的近代化海防事务机构,融合了近代化舰船、机器建造;近代化海军、机械工程教育;近代化海军舰队编练等重要功能于一体,是中国的近代化运动——洋务自强运动开始起步的重要标志和突出成果。某种程度上可以认为,船政的创立标志着中国近代化运动的全面开始。

　　船政创立的首要目的,在于培育近代化的海军力量,巩固中国的海防。为此,船政的制造部门,系统化地建造出了第一批成规模的近代化军舰,乃至近代化军舰所需的蒸汽机、锅炉等种种部件;船政的教育部门则培育出了中国第一批具有系统的海军军官、机械工程师、技术工人;船政的舰队部门更是编练出了中国第一支近代化的舰队——轮船。这些引领时代潮流的创举,使船政对后世的中国海军产生了重大而深远的影响,也使船政在中国海军史上有了近代海军摇篮的美誉,成为研究和关心中国近代海军者无法略过的重要机构。

　　船政从清末创建后，几经变迁，其后续发展一直绵延持续到抗日战争胜利之后，期间产生了大量的档案资料。其中，最为著名的是清末船政衙门编纂的《船政奏议汇编》《船政奏议续编》，以及台湾"中央研究院"近代史研究所在20世纪50年代编辑的史料集《海防档》中的《福州船厂》专册，前者收录了历代船政大臣的奏章，后者则收录了总理衙门档案中与船政相关的部分，多为往来函牍、奏稿。此外，20世纪70年代，福建师范大学历史系中国近代史教研组编成《马尾船政局史资料汇编增辑》，在收录的资料形式上更为丰富，除了节选的船政大臣奏议外，还出现了很多诸如当事人回忆、时人笔记、船政工人口述历史、近代报纸选录等新鲜的材料。

　　除上述以外，对于了解和研究船政而言，不应忽视的是其自身的各种规章制度和其他法规性文件、内部工作报告等。相比起奏章、函牍、回忆文章等史料，通过研读规章制度，更有助于直接、准确地厘清和掌握船政的机构设置情况、人员编制情况、各种人员的责权分工情况、内部的工作流程模式等基础性的信息，有助于获得对船政的细致而微的了解。

　　不过，由船政直接产生的这一类的史料，历经百年时光流转，其保存相对零散，收集不易，此前未见有系统的整理。笔者在创作《船政史》（福建人民出版社，2016年版）的过程中，为了研究的需要，尽可能地对这一方面的史料进行了挖掘，由此形成了本书的基础。

　　在历史上，船政大致上以清末、民国交替为界限，分为此前融多种功能与一体的时代，以及民国时代将制造、教育各自拆分独立的时代，本书对有关船政史料的整理编排即大致按照这种先后顺序。

　　第一部分是船政开创时期的重要文件，包括中法技术合作创建船政的基础性法律文件——日意格、德克碑签署的一揽子公文，以及船政洋员监督日意格在船政创建计划告成时所编撰的《福州兵工厂》一书，从书中所收录的日意格向沈葆桢提交的述职报告，可以直观地看到船政初创时代中法合作的具体成果。

第二部分是一系列船政的内部制度性文件，尤以名为"各项内章释要"的文件最为重要，详细说明了清末时代船政各部门的设立情况、职权，各部门间的关系，以及船政的财务、收发、考核等各项工作制度的情况，是快速了解清末船政概貌的不二途经。

第三部分是清末船政机体内十分重要的一环——船政轮船舰队的基础规章制度，船政轮船舰队创立于1871年，在1884年中法马江之战失败后消亡。作为中国第一支具有近代化特征的海军舰队，船政轮船对此后兴起的北洋海军产生了极大的影响，其规章制度和训练模式，直接影响了北洋海军。

第四部分是船政重要组成部分——教育机构的规章制度，尤其是海军教育机构的规章制度。收录了清末时代船政学堂的《艺局章程》等规章，更多的则是收集整理了民国之后，由船政后学堂演化而成的福州海军学校及海军学校的各种规章制度。这事实上也几乎代表了民国海军至抗战前的海军学校制度以及海军军官教育的学制情况。

第五部分收录的是民国南京政府时期，由船政制造部门演变而成的海军马尾造船所的组织制度，包括其人员编制、机构设置等诸多方面。

由这五个部分，大致可以一窥船政各个时期的发展建设情况。为便于说明起见，在各部分的起始处，另就相关档案有单独的简短介绍。而在正文之中，为保持相关规章、制度的原始面貌，除进行必要的标点外，不作特别注释。

希望本书能对船政历史的研究和普及有所助益和促进，如此，余愿足矣。由于编者个人学识所限，以及所能接触到的史学资源的局限，本书必有挂一漏万之处，希望学友、同好能不吝指教，以使关于船政历史档案的整理更趋进步。

陈 悦

2017 年 9 月 29 日

于山东威海

目 录

总 序　1

编纂说明　1

船政开创时期重要史料　1

　　1866年德克碑、日意格所签合同性文件　3

　　福州兵工厂　14

　　福建船政局厂告成记　50

船政内部规章　52

　　各项内章释要　54

　　后学堂管轮教习合约　69

　　前学堂教习迈达合同　71

　　洋员续订合同简明约章续光绪二十二年原合同　75

船政轮船水师制度　80

　　轮船出洋训练章程十二条营规三十二条　81

　　轮船出洋训练章程　83

　　轮船营规　87

船政教育规章　90

艺局章程　92

沈葆桢致周开锡酌议学堂章程函　94

选派船政生徒出洋肄业章程　96

福州海军学校现行章程　99

海军学校规则　135

海军学校办事细则　143

海军航海练生学习舰课暂行规则　176

海军航海练生学习枪炮暂行规则　181

海军航海练生学习水鱼雷暂行规则　186

海军轮机练生学习厂课暂行规则　190

海军马尾造船所规章　192

海军马尾造船所暂行组织条例　193

海军马尾造船所暂行编制表　197

船政开创时期重要史料

1866年德克碑、日意格所签合同性文件

公元1866年，时任闽浙总督左宗棠向清政府奏请设厂自造轮船，于同年的7月14日获准，由此开启了船政的历史。创始之初，左宗棠采取了中西技术合作的模式，委托法国人德克碑（Paul Alexandre Neveue d'Aigwebelle）、日意格（Prosper Marie Giquel）为洋员监督，组建和领导西方技术团队，协助中方人员完成建厂、造船、育人等开创性工作，定期五年完成。就此，左宗棠和日意格经过磋商，在1866年9月3日拟定了四份明确德克碑、日意格以及外国技术团队责权的合同性文件，即"保约""条议""清折""合同规约"，在法国驻上海总领事馆，由法国总领事白来尼（M.Brenier de Montmorant）见证，日意格、德克碑先后在四份文件上签名，标志着这一中法技术合作的生效与开始，也标志着船政建设进入实际操作阶段。四份对于船政创设具有重要意义的文件中，"保约"是综述性的根本文件，类似于保证书，相当于合同的主体部分，以德克碑、日意格单方声明保证的形式，规定了德克碑、日意格及其领导的西方技术团队的工作目标。"条议"是对"保约"内容的细化和明确化，规

定了涉及船政建厂造船的各项细节事务。"清折"则是资金清单,根据德克碑、日意格的报价预算,详细列明了船政建厂造船所需的资金及用途。"合同规约"是德克碑、日意格代中国从西方雇佣技术人员时参酌使用的合同模本,涉及洋员的奖惩考核等内容。在四份文件基础上,经左宗棠、苏松太道、法国驻沪领事馆公拟,认为总承包人德克碑、日意格二人之中,日意格通晓中国语言文字,较容易沟通,于是又再增补一款,说明以日意格为正,德克碑为副,奠定了日意格统率洋员群体的地位。

日意格著:《福州兵工厂》

本书是船政洋员正监督日意格在船政创设五年计划告成后所作,1874年在上海出版,原文为法文。全书内容上分为三大部分,第一部分概要介绍了船政创建的基本过程,内部各车间、学校的情况,船政所建造的舰船和培育的人员情况。第二部分实际上是船政五年计划告成时,日意格于1873年11月18日完成的给船政大臣沈葆桢的述职报告,对五年计划时代洋员、洋匠的工作情况进行了系统综述和总结汇报,并对未来船政的工作方向提出了积极的建议。第三部分则是文件汇编,译录了船政大臣沈葆桢在五年计划成功时为洋员请奖的文件。

黄维煊著:《福建船政局厂告成记》

黄维煊是船政创始时期的官员,亲历了建厂等重要工作,所撰福建船政局厂告成记是对初创时期船政面貌的勾勒记述,对于了解此时船政的规模、各建筑物的分布位置等具有极大的参考价值。

1866年德克碑、日意格所签合同性文件[1]

一、保约

奉委总办轮船局事务提督衔德克碑、总兵衔日意格今具到宫保伯爷爵前：

窃卑镇等遵奉宪台谕饬，查帐保办制造轮船，并采买外国铁厂、船厂家伙及一切外国物料等件，原经逐细查明各价，开折呈览，现奉委办，遵照宪示，家伙器具、运脚等项银两准先给发一半，余俟到齐付清，其包扎、保险及所雇外国员匠三十七员名借支一月辛工安家治装，并由外国来闽盘费，暨卑镇等借支薪水给领川资等项银两，均准全给，合即仰求宪恩准先给半领、全领各项，共实关平银十三万三千八百六十六两五钱，俾同带回法国分别赶办。其外国办来一切家伙、大小轮机，卑镇等保必头等最好之件，不准稍有低坏之物搪塞，倘有低坏，卑镇等自当赔缴，并认限自铁厂开厂之日起扣至五年。保令外国员匠教导中国员匠按照现成图式造

---

〔1〕录自《海防档·乙》福州船厂（上），（台湾）"中央研究院"近代史研究所1957年版，第31-43页。

船，法度一律精熟，均各自能制造轮船。并就铁厂家伙，教令添造一切造船家伙。并开设学堂，教习法国语言文字，俾通算法，均能按图自造；教习英国语言文字，俾通一切船主之学，能自监造、驾驶，方为教有成效。此系卑镇等两人分内保办，决不有误。

所有轮船需用木料、板片、油漆、灰炭及铜器并船身之铁器暨应用土铁等项，并同轮船局各厂房屋、器皿、锅灶、床凳等件，均请宪台饬派委员购备。并请选择能通官话少年精明者数十人，俾入学堂随时学习，轮授各工匠，俾易周知熟习，速期完竣。惟一经开工，则中国物料须源源济用，方无旷时待料之虞，请按月宽筹银两解交中国监督大员收储，随时采办中国物料、给发中国员匠薪水辛工及一切局用开销，幸勿逾期，恐致停工坐食。至于采办外国家伙物料等件应找银两，一俟各件运到齐全，仰求俯赐即行找给转发清款，恳祈勿迟。

其外国员匠三十七员名，如五年工竣遣回，或中国有事中止，半途撤回，均请给发每人辛工洋银两月，并发回国路费，即查照三十七员名自外国来闽路费一万四千两之数，按人分别匀给。如中国无故停办遣撤回国，及员匠如有因工受伤等事，均分别给发辛工等项，具载合同规约中。倘员匠等或滋事犯革，或因懈惰不力撤退，不给辛工两月，不发路费。

所有奉委采买外国家伙、物料，募雇员匠教造轮船并造轮船家伙，及开设学堂教习英法两国语言文字，教导监造、驾驶诸务事，理合出具保约。除拟呈详细条议附开款目清折，并拟定合同规约与外国员匠要约外，合具保约是实。

计附呈自拟条议十八条，清折一扣，外国员匠合同规约十四条。

同治五年　月　日

具承办保约提督衔德克碑、总兵衔日意格

大法国驻扎上海总理法国通商事务总领事官见议查核。

钤印

画押

二、条议

谨将遵奉宪谕，饬查募雇外国员匠制造轮船暨采办外国家伙、物料一切价目，并开学堂教习英法两国语言文字、造船算法及一切船主之学，教成中国员匠能自监造、驾驶各事宜、款目逐细详查，开具条议附呈清折。伏乞宪台核示，以便遵照条议办理。

须至折者，计开条议十八条：

一、请买外国造好一百五十匹马力之轮船轮机二个，除将一个暂存铁厂作为式样，以便初学仿造，免致钢铁等料被匠糟蹋废坏外，另一个先行配造成船，以免船厂旷待。俟铁厂内造出轮机一个，即将存作式样之轮机成造轮船，以后陆续接替备作式样，至造出五、六个轮机后，将新出轮机连同备作式样之轮机并皆配造成船。此后铁厂新造轮机不用式样，径自教造，庶中外员匠教学制造倍加研究，可期实有心得。

二、请买铁厂家伙以便制造一百五十匹马力之轮船轮机九个，连所买外国造好一百五十匹马力轮机二个，可成造装一万石米轮船十一只，此项铁厂家伙即是机器，细心使用数十年不能损坏，即有损坏一二件，铁厂内亦可修造补整，不必寄回外国去修。卑镇等并当一面督同员匠就家伙教造一切铁厂应用家伙，此项家伙并可兼造通行枪炮，如欲特造枪炮，讲求精致，尚须酌添家伙，所费亦不甚多。

三、请买外国船厂家伙及制造轮船物料等件，以便制造能装一万石米一百五十匹马力之火轮船十一只。

四、请买钢铁、铁片以便打造轮机、水缸等用。

五、请买八十匹马力轮船轮机五个，交轮船厂抽空配造，以免闲旷。缘船厂、船槽工匠既不能少用，而铁厂出轮机较慢，船厂、船槽成轮船较快，故须买现成小轮机搭造。此项八十匹马力轮机并水缸等物，应请先买两只，其余三只俟陆续添买，以免多搁成本。

六、请募雇外国谙练精明员匠三十七员名，以便设立铁厂、轮船厂，俾得逐日制造轮船、教导中国员匠一切依法制造，计连管理外国帐务一员，共三十八员名，每月应领辛工银五千九百七十八两，又日用杂费银一千两。

七、请将承办限期以铁厂开厂之日为始。卑镇等回国募雇、采办，将家伙、物料备齐，员匠雇妥，卑镇意格先同学堂、船厂、船槽员匠随带船厂应用物料前来，约计五个月可到闽省先开船厂。卑镇克碑俟铁厂家伙、轮机齐备，连轮机、水缸、钢铁交铁厂员匠妥为照料，由夹板船前来，约计十一个月可到闽省开设铁厂，卑镇克碑先坐轮船前来，约计九个月可到闽省。五年限期自铁厂开厂之日起，船厂先开先造，仍随铁厂同日起限，以所难者本不在船厂也。一切家伙、物料自外国运来，责令员匠沿途照管，庶免疏忽。

八、请将一切外国家伙、物料、轮机等件包扎妥善，以免沿途糟蹋损坏。

九、请将外国运来家伙、物料、轮机等件一律保险，倘遇损坏、疏失等事，以便责令赔偿，免致他虞。

十、现蒙宪台谕令卑镇克碑以画押会禀奉批准行之日先行起支薪水，卑镇意格以离江汉关税务司任之日先行起支薪水，每月各给银一千两，并蒙各给回国、来闽往返川资一千两。宪恩体恤，卑镇等谨当遵照支领。

十一、现蒙宪谕，自铁厂开厂之日起五年限满，如能照所具保约教导中国员匠于造船法度一切精熟，均各自能制造，并能自造家伙，并学堂中教习英法两国语言文字、造船算法及一切船主之学均各精熟，俾中国员匠自能监造驾驶，应加奖劳卑镇等银两人各二万四千两，加奖外国员匠银共六万两。此系宪恩格外，谨当传谕各员匠倍加奋勉，卑镇等理应竭诚报效，不敢言功，教成之后悉候宪裁。如五年限满，教导不精，卑镇等及各员匠概不敢仰邀加奖。

十二、现经议定外国各员匠辛工每于月底支给，当在本局按月挂牌开示，仍按季造册报销，送呈宪核。

十三、请将此次发给募雇员匠、采办家伙物料及大小轮机价、脚、包扎、保险、路费、借支薪水、辛工等项银计实关平十三万三千八百六十六两五钱汇寄上海，由江苏苏松太道、法国总领事官眼同交兑，以便卑镇等分别兑带回国。将来开局设厂后，月支款项即在闽省给领。

十四、开厂后，每月购备物料等用多寡难以预定，请宽筹款项，以备支拨，庶免停工待料，转至虚糜。

十五、所有应用中国物料，悉听宪台及会办大员、委员采办，卑镇等当督饬员匠核实估用。

十六、所买外国造好轮机均连水缸在内，除已买一百五十匹马力轮机二个、八十匹马力轮机二个，均已兼有水缸。并另买造轮机、水缸之钢铁，备一百五十匹马力轮船九只之用外，尚有八十匹马力轮船三只所需水缸将来续买轮机时自与轮机俱来，不必另备钢铁。

十七、教作船主有难有易，洋面能望见远山者，驾驶较易，其数月数日不见山地之大洋，驾驶较难。卑镇等所称五年限内教成中国员匠能自驾驶，系指能望见远山之海面而言。如欲保能行驶数月数日不见山地之大洋，须照星宿盘、时辰表测算洋面情形、海水深浅，尚非五年所能尽悉，将来五年限满，或留外国人一、二员再教习二、三年，必能周知熟习，此事俟五年期满再候宪裁。

十八、所雇员匠三十七员名中，请准酌拨一人就中国邻近煤山之产铁地方教导工匠开山融铁，所有需用工匠容届时再行核报，其轮船中所用星宿盘、量天尺、罗盘、水气表、风雨镜、寒暑镜、千里镜、玻璃管子及制造塞轮机之软皮、软毯即音陈勒勃之家伙等件，应另雇匠教造。卑镇等回国后，即当详查雇匠辛工及购买器具价值，如所费不过数千两，即由卑镇等筹垫雇买，将器具及现成各件式样买齐，雇匠同来，招工习造。

三、附呈款清折一扣

提督衔前权授浙江总兵官法国水师参将德克碑、总兵衔前代办权授总兵官法国水师参将日意格谨将遵议采买制造轮船各厂家伙及轮机物料先领银两，分别全半数目开具清折，呈乞察核施行，须至折者。

计开：

采买船厂家伙一切俱全。计关平银三千一百二十五两。

采买铁厂家伙一切俱全（计重四百吨）。计关平银五万两。

造一百五十匹马力轮机九个及所用水缸之洋铁（内除土铁外，所有钢铁、铁片计重三百余吨，如中国员匠生疏损废太多，应酌量稍添钢铁）。计关平银二万八千两。（以上均半领）

各员匠路费。计关平银一万四千两。（此款应全领）

采买外国一百五十匹马力轮机一个，水缸一应俱全（作式样，计重一百一十吨）。计关平银二万三千两。（此款应半领）

各厂家伙同轮机洋铁等件（共重九百八十七吨，每吨水脚银十二两）。计关平银一万一千八百四十四两。（此款应半领）

包扎。计关平银五千二百零六两。（此款应全领）

保险。计关平银五千二百零六两。（此款应全领）

共计应领关平银十四万零三百八十一两。

＊＊＊

添一百五十匹马力轮机一个、水缸一应俱全（计重一百十吨）。计关平银二万三千两。（此款应半领）

轮机一百十吨，每吨水脚十二两。计关平银一千三百二十两。（此款应半领）

包扎。计关平银一千一百五十两。（此款应全领）

保险。计关平银一千一百五十两。（此款应全领）

共计应领关平银二万六千六百二十两。

采买各家伙水脚等项，共应半领银八万四千九百八十四两五钱。

总共计应领实关平银十一万四千四百九十六两五钱。

又借给到中国各员匠辛工一个月。计关平银五千三百七十两。（此款应全领）

借支卑两监督薪水半年。计关平银一万二千两。（此款应全领）

两监督回国来闽往返川资。计关平银二千两。（此款应全领）

以上通共计应领实关平银十三万三千八百六十六两五钱。

同治五年七月　日呈。

以上条议十八条、清折银数均由大法国驻扎上海总理法国通商事务总领事官见议查核，眼同照兑给领。

钤印

画押

四、合同规约

监督轮船局务为遵批转立合同规约事。

同治五年奉太子少保闽浙爵督部堂左谕令,本监督等由外国采办制造轮船之铁厂、船厂家伙、物料及大小轮机各二个,连同水缸,以便制造一百五十匹马力轮机九个,成造装一万石米轮船十一只、八十匹马力轮船五只,并教导中国员匠造船各法,并就铁厂家伙教造家伙,能自添置暨开设学堂,教习英法两国语言文字、造船算法及一切船主之学,俾各精熟,能自监造、驾驶,因本监督等未能周顾,又蒙太子少保闽浙爵督部堂左批准募雇谙练员匠三十七员名随同妥速办理各等因,奉此合特代宪转立合同规约,以昭慎重而免贻误,所有合同规约十四条开列于后。此约。

计开:

一、所设铁厂、轮船厂并开学堂,以便华人习学外国语言文字及造船、驶船法度,及一切算法、绘法等事,今本监督等荷蒙中国大宪饬委监督制造,倘有尔等正副监工及各匠等办理不妥,系归本监督等两人自问。

二、本监督等奉谕雇募外国熟悉工作官匠三十七员名帮同造作理料,各宜认真出力,并带运各厂家伙、物料、大小轮机照管妥当,不得疏忽。

三、所有教习限期原定三载,今本监督等深恐期迫,禀请以该正、副监工及各工匠等到闽开铁厂之日为始,改作五年。该正、副监工及各工匠等辛工均自到闽之日起支,如三年之后中国员匠已能监造、驾驶,应请中国大宪酌量裁撤。

四、五年限内,该正、副监工及工匠等务各实心认真办事,各尽所长,悉心教导各局、厂华人制作迅速精熟,并应细心工作,安分守法,不得懒惰滋事。于五年限内,除局、厂正工并本监督等奉派工作差使外,不准私自擅揽工作。

五、凡有各局、厂无论大小公事及与中国官长往来，均系本监督等分内之事，该正、副监工同各工匠等不准私自越躐干预并无故琐谒中国官长。倘适本监督等或缘事公出，或皆患病，亦须听候代办监督节制约束，该正、副监工同各工匠等，均须一律遵照。若遇各局、厂公事由本监督等或面谕，或出示晓谕，或札饬该正、副监工同各工匠等，亦应认真照办。非特自身勤勉，其余所管各员匠更应引导认真办理。如该正、副监工及工匠或因事患病必须告假者，应禀由本监督等察准后方可准假。倘该正、副监工同各工匠在五年限内必欲回国者，应预于四个月前禀明本监督等批准，一面另选接替有人，方许离开，所有回国路费及两月辛工一概不给。若各局、厂内各工匠遇有赏罚事件，应听本监督等自行转请办理。

六、该正、副监工及各工匠等来中国路费自应由本监督转请给发，立合同之日，即另外借给辛工一月，以便该官匠安家及制备行囊等用。该官匠等在局五年期满并无过失者，此项辛工免其扣缴，如五年限内告假回国及犯事撤退者，均将此项一月辛工扣缴。至该正、副监工及各工匠等来中国时，所坐不论火轮、夹板等船来者，本监督等两人自有办理。

七、该正、副监工及各工匠等应得辛工按月奉发散给，各官匠等所居房屋，应请中国大宪或造或租，均听宪便。惟现在延订外国医生一员，如遇各官匠等患病，即责任该医官治理。

八、五年限满无事，该正、副监工及各工匠等概不留用，自应转请发给辛工两个月，并查照到中国时路费按人分别匀给。限内教导精娴，中国员匠果能自行按图监造轮船、学成船主，并能仿造铁厂家伙，中国大宪另有加奖银六万两，本监督等届时当照约请领，查明该正、副监工同各工匠劳绩，分别转给。如五年限满，教导不精，不给奖赏。

九、该正、副监工及各工匠等，若由工作得受微伤，本监督等自当量其重轻，转请酌给养伤辛工一、二月。或因工作伤重身死，或因受伤成废，均当转请赏给辛工六个月，并给路费。

十、该正、副监工及各工匠等，或不受节制，或不守规矩，或教习办事不力，或工作取巧草率，或打骂中国官匠，或滋事不法，本监督等随时撤令回国，所立合同作为废纸，不给两月辛工，不发路费。

十一、中国嗣后设有兵事阻挠，停工撤回该正、副监工及各工匠等回国，本监督等应转请给予辛工各两个月，并请给赏路费，仍于一月前知照。

十二、如中国无事，大宪意欲中止各工，撤回该正、副监工及各工匠等归国，本监督等应转请各给辛工四个月，并各赏路费，亦于一月前知照。

十三、该正、副监工及各工匠等除不守局规、违背合同章程应即斥退外，如有别项犯法事情，应照通商章程惩办。

十四、该正、副监工及各工匠等今来中国工作，均系本监督等奉中国大宪札委代雇，所给辛工并另给路费、恤赏等项，概由中国大宪给发，本监督等亦系奉宪转散。

以上合同规约十四条均已禀奉太子少保闽浙爵督部堂左批准照拟抄发，并给印札委办，转行遵照毋违。

同治五年　月　日收报，限期满，工竣日销。

大法国驻扎上海总理法国通商事务总领事官见约查核。

铃印

画押

五、条议清折续增一款

　　窃奉宪谕会办监督制造轮船，事繁工巨，总以尽善尽妥为先，维制造教习非同带兵可比，不论官阶大小，总期熟悉中国情形、言语文字，方可主政其事，与教习制造庶有裨益。现因克碑、意格遵奉宪谕会商法领事馆、苏松太道，公拟意格虽系外国人员，深知中国文字言语，且礼数、公牍亦所熟谙，不须言凭通事、字凭翻译，现在举办之始，自能议定。此后公事，公举日意格主政，德克碑随同办理，则将来禀见，既免递言之误，而禀牍且无翻译之讹。凡有宪饬一切公事，听意格调度主政，再公牍会衔亦须日意格列名在前，而昭慎重，如此则公事以任专责。

　　此议。

同治五年　月　日

大法国驻扎上海总理法国通商事务总领事官同议。

钤印
画押

福州兵工厂 [1]

L'Arsenal De Fou-Tcheou Ses Résultats

[法]日意格

前　言

由中国政府任命兴建船政的欧洲工程人员按照协议，必须在中国农历年底，即1874年2月16日完成工程和教育计划。皇上在谕旨中对整个工程得以圆满完成表示非常满意，为自1867年底至1874年初的六年的工作所取得的成绩给予嘉奖。

我们认为，介绍这个在中国算是大型企业的一些情况（一些实际情况的材料）可能会引起大家的兴趣，由于时间问题，我们目前还不可能写一份完整的、详尽的材料（以后是要写的），而只能列举一些文件，写一份简要的说明，以概括我们所取得的成果。

---

[1]该篇即日意格所著*L'Arsenal De Fou-Tcheou Ses Résultats*.译文综合参考了林庆元主编：《马尾船政局史资料汇编》的相应章节，以及孙毓棠主编：《中国近代工业史资料》的相应段落。船政因为包括了船厂、铁工厂等制造部门，按照西方标准已经超出了造船厂的规模，又因船政主要制造军用舰艇及相关设备，所以日意格称之为Arsenal，即兵工厂，而非船厂。

我们希望读过这本小书的人会认同：中国通过建设福建兵工厂，向她的工业化迈出了重要的第一步，如果中国政府和中国的大员们对在船政的基础上所取得的进展保持持续的兴趣，中国肯定会由此获得重大利益。

1874年2月6日于福州

概　况

福州兵工厂的宗旨

福州兵工厂并不像她的名字那样，是个生产各种机器、弹药或者其他作战装备的工厂，而是专门建造轮船、生产各种船用设备的综合企业。同时，她还拥有一所附属的金属锻造厂，轧制各种铁材。建设该厂的目的包括为中国的海防和海运提供先进的设施；训练当地学生，使他们能够自行建造和驾驶蒸汽轮船；运用福建省蕴藏的金属矿藏，特别是铁矿。

之所以选择福州作为厂址，是基于以下的一些考虑：

这个港口容易设防；闽江江口小岛星罗棋布，群山环绕，宜于建设炮台；溯江上行十里，两岸的山夹着江，只要布置几个水雷，便能阻住入侵的船只。船厂在此兴建，距省会较近，容易使高级官宪目睹制造，发生兴趣。此处又有重要的海关，船厂的经费较易筹措。泊船处所能停吃水至二十二三尺的船只，因此它的深度正适宜于船厂拟造的船只；船厂前即可停泊，对造船很便利。筹划时已经确知本省能供给大量木材及其它原料，可供各工厂之用；台湾产煤，离此不远；工资又很低廉。最后，也是最主要的原因，即筹划创办的人是闽浙总督，船厂设在福州，便于他监督照顾。

左总督

这位高级官员的名字叫左宗棠，在这个过去几乎对任何工业建设都采取关门拒绝态度的帝国，该兵工厂如果真的成了一连串工业建设的起点的话，这位左总督肯定将在中国历史上得到他应有的地位。在欧洲或是美洲建造一个像福州兵工厂一般的工厂，只是一件普普通通的事，但在中国，创始人却要为此冒很大的风险。朝廷从来不主动提倡任何的新事物，而只是否决或者批准别人提出的种种建议。因此按照朝廷的规矩，左总督必须对他倡议的工程负完全的责任。倘若这项试验失败，就会毁掉这位在大清仕途最一帆风顺的高级官员的一生。

有关建厂的谈判

日意格先生是在指挥由他和另一位同事建立的法—中混合部队平定太平天国叛乱时认识左总督的，当时日意格和这位大清高级官员指挥的军队在浙江联合作战。1864年底，一场战役结束时，左总督向日意格征询过建造一个海军船厂的计划，但在计划呈给他后，直至1866年底仍未获得明确的答复，因为当时左仍然忙于绥靖叛乱仍然猖獗的地区。

在这之后，才签订了一项使日意格和他的雇员为中国政府工作的合同。

基本计划

计划制定如下：

1.建设用于建造轮船和船用蒸汽机及各种装备的工厂车间和船台。

2. 设立学校，训练工程师、船厂、技工。

3. 雇佣合格的外籍人员，训练中国工人、工头、学员。

4. 提供采用拉拔特式传动装置的专利船槽，用以维修船只，应与波尔多港的设备相同。

5. 建立金属锻造车间，能够把本省出产的生铁锭和其他能得到的废铁轧制成铁管和铁板。

建厂之初

一些基础工程，如职工宿舍、仓库等在1867年的年初已经建成，但是直到赴欧洲购买设备的日意格带着招聘的工程人员在10月到来后，福州兵工厂才真正开始建设。当时福州的外侨看着计划将要建设兵工厂的一片空地，流露出的吃惊和怀疑的态度，至今让人记忆犹新。从法国购买的全套工厂设备尚没有运到，工厂的头批工人见到的是一个没有外国机器，也没有工具的地方，但是必须立刻开始兴工。田野中唯一的一座小屋成了锻造车间，屋里马上燃起两个熔炉，用中国式的铁锤开始了工作，第一根铁钉就是在这里打制。紧接着，当地的木匠造出了打桩设备，开始打桩建造船台。三个月后，正式在船台上铺设第一艘运输舰的龙骨，同时有1200人参加的填土工程也在紧张地进行着，因为要使厂区不受洪水的威胁，必须整体垫高5英尺。为了纾缓中国人想要在短时间内看到成果的自然而然的焦急心情，又建成了一座木制的车间，在其中陆续安装了从欧洲运到的机器设备。这些拼拼凑凑的厂房仍然存在，整个厂区呈现出一幅外国人搞的新玩意常有的景象：一座座匆匆建造的临时厂房，和一座座花费大量工料建成的永久性车间和船厂共存。

车间和船厂

下面简单介绍一下兵工厂的各车间和船厂：

铁工厂包括重型锻造车间和轧铁车间，占地4190平方米。重型锻造车间配有6个汽锤，包括1个为该厂制造的单锻压力7000公斤的汽锤，1个双锻压力6000公斤的法尔科（Farcot）式汽锤，1个单锻压力2000公斤的汽锤，1个单锻压力1000公斤的汽锤，2个300公斤汽锤。另外共有16个锻铁炉和6个再热炉。这座车间已经制造出了150马力轮船用蒸汽机的锻制构件，包括主轴和曲轴，同时还生产出了建造轮船所需的高强度锻件，例如重1300公斤的舰首锚和其他各种锚具。

轧铁车间有6座再热炉、4台轧机，其中1台轧制板材，1台轧制重型铁件和角铁，1台轧制小铁件，还有1台轧铜件，4台轧机都由1台100马力蒸汽机驱动。轧制的铁板壁厚在15毫米以下，圆管和方管直径由6到120毫米不等，另外还能轧制舰船包覆船底用的铜皮。该车间预计像西方的车间一样能日夜生产，年产3000吨轧材。

锅炉车间占地2400平方米，由一个宽20米的中央大厅和宽各为10米的两侧部分组成。其中1间是锅炉房，有1座15马力蒸汽机带动各锻铁炉的鼓风机，为上述两个车间的机器设备提供动力。除了日常生产，锅炉车间还装配从欧洲运到的锅炉，以及安装上舰船。该车间为7座150马力蒸汽机配套生产了拥有4到5个炉门的锅炉共14座，以及附带的管路。

轮机车间由2座厂房组成，2座厂房大体相等，面积共为2400平方米，目前为止只有其中一座投产，另外一座厂房内正在安装机器设备。这个生产船用蒸汽机的车间，拥有自造500马力蒸汽机的能力。该车间的动力源功率为30马力，至今该车间已经造出7座150马力舰用蒸汽机，另外还有2

座已经接近完工。

总装车间位于轮机车间2座厂房中间的连接部分，占地800平方米，楼上有工程、设计办公室（绘事院）。

铸造车间占地2400平方米，和锅炉车间一样，其厂房是由一个宽20米的中厅和各款10米的两侧厅共同组成，车间的动力源为15马力。该车间有3座熔铁炉，熔炼能力为15吨，已经能够每周出产12到15吨铸造件，其中包括有150马力蒸汽机的构件，例如汽缸、冷凝器等。事实上，该车间的产能曾经达到过每天90吨铸件的程度。

上述4个车间的厂房都是用优质材料建造的，所用的砖来自于邻近的厦门，厂房的地基是用质地坚实的石头构筑的，这些很容易在兵工厂周围的山上开采。车间厂房的屋顶使用整根的房梁，其中宽度20米的大厅就使用了从新加坡进口的22米长的木料，其木质坚硬，不怕白蚁蛀食，甚至能经得住岁月的考验。该厂还铸造了每根重2500公斤的圆柱120根，作为各车间厂房的房柱。

木质车间

仪表车间占地720平方米，内部分为三个部分，一部分生产仪表，一部分生产各种光学器械，另外一部分生产罗经。

小锻造车间用于生产各种小型零部件，主厂房占地面积2160平方米，拥有44座熔炉和3座300公斤汽锤。另外，还有一个生产小型配件和钥匙的小厂房，占地面积510平方米。

机械锯木车间占地1020平方米，旁边是细木工车间，面积1440平方米。车间为3座150马力、1座250马力蒸汽机、1座7000公斤汽锤制做了木模，此外，还为各车间和船用配件制做了不可胜数的木模。

船厂由3座船台构成，每座船台左右两边都有供工人使用的工棚。另外有一个宽大的棚子作为放样间，能以1：1的尺寸绘制船体线图，进行放样。船台附近有一座吊装能力为40吨的人字起重架，还有一个具有拉拔特式专利的船槽，这样就具备了一座造船厂所需的基本设施。拉拔特船槽最大可以承载龙骨长100米，排水量2500吨的船只，需要修理的船只以横向拖上船槽，避免了因船台是顺着闽江边安装而引起的不便。

仓库分为两类，一些由中国人管理的仓库储存兵工厂所需的各种物资，物资经由这里再进入总仓，根据需要分配到各车间。

兵工厂厂区外建有一个砖瓦厂，烧制普通砖和耐火砖。附近还有一个石灰窑，生产石灰。另外还有欧洲人员和中国雇员的住宅区，都位于生产厂区护厂壕之外，这条壕沟让兵工厂和外界完全隔开，晚上桥上的门一律关闭，由中国士兵守卫。

全厂总面积47公顷77公亩，其中18公顷8公亩是各车间、仓库等工场，工场中有遮盖建筑物占地面积4公顷30公亩。另外，衙门、中外人员居住区、守厂卫队兵营、宗教设施等共占地6公顷84公亩，其中房屋占地3公顷。

建成的军舰

到目前为止，兵工厂建造了15艘蒸汽动力军舰，其中1艘虚马力250、实马力450，9艘150马力运输舰，3艘虚马力80、实马力140的快速炮艇，以及3艘虚马力80，实马力130的炮艇，详细情况参看附件1。

学　校

后面附有日意格先生给沈大臣的报告（附件2），其中详细叙述了兵工厂附属的各学校的情况及成就。

行政管理和指挥调度

兵工厂采取双重管理。中国人负责维持纪律，发放人员工资，以及管控进出各车间的原料、产品。欧洲人则负责指挥生产，对中国工人进行技术指导。洋员监督感到高兴的是，他将很多工作直接安排中国人去做，树立了他们的自信心，同时也获得了中方的重要支持。当兵工厂的工作刚刚开始时，左总督却奉命离开福州，中国政府为了不使工作中断，任命了一位省级官员为船政大臣，这位官员姓沈，原为江西巡抚。此人精力充沛，意志坚强，并且很有权威。他是由闽浙总督、福建巡抚、福州将军组成的高级监督委员会的成员，他设立了一个高级官员组成的咨询委员会，并任命了一百名下级官员和绅士，为他管理账目、维持治安、管理中国人员。

西方人对工厂的生产管理工作由洋员监督负责，由各部门的欧洲人协助。起初曾设有洋员正监督、副监督共同负责该厂的设计和建设，但是由于一些无需在这里细说的原因，副监督很快要求调离担任其他职务。

雇　员

中国雇员包括500名木匠，即细木工和制模工，每月工资300到400钱；300名学生、500名粗工，以及500名守卫该厂的士兵，他们也承担土方施工和搬运工作。最后，还有130名官员和各类监督人员。总人数2600人。

欧洲雇员包括办公室人员和车间人员，最初有75人（原文如此），后来只剩下52人，连同家属有66人。雇员中有一名监督、一名副监督、一名总工程师，还有教授、秘书、翻译、工头、工人和临时雇员，工人每月工资100元，工头翻倍。

工作中克服的困难

前面所提到的各种建设成就，无一不是在经历对重重困难的克复后得到的。先说建设工作中的困难，兵工厂的厂址选择在冲击层地带，但冲积层上泥泞不堪，无法施工，几乎必须全部采取打桩法，密集打桩，为此使用了近5000根桩木。另外，还得把作为厂址的稻田总体垫高5英尺，由于来不及修建防洪护坡，洪水对这片还不结实的新造地造成了破坏，冲走了长达100米的几个地块，因此需要修建胸墙保护江岸。虽然有这些不利因素，但考虑到该地位置较佳、靠近省城等便利条件，洋员监督还是选定了该地作为厂址。另外，在一个从来没有建设过航海设施的地区施工，只能雇佣到生手充当工人，加上欧洲人员和中国人言语不通，这些是需要考虑到的困难。

还有道德上的问题也不可忽视，实际上事先就能预料到。欧洲人员中有80%以上都是首次来到中国，他们中有一些人不愿与他们眼中的劣等民族一起融洽的工作，这会惹出一些麻烦，特别是在异国他乡。刚开始进行工程时，常常容易混进一些流氓、无赖和混饭吃的寄生虫，甚至还会有某些想搞破坏的歹徒。尽管建造福州兵工厂时遇到了这些麻烦，但结果都顺利地获得了解决，全体雇员都完成了规定的任务。

欧洲雇员的合同期限

欧洲雇员的合同期限为五年，从铁工车间开始生产起算，因此五年合同期从1869年的2月12日起，到明年（1874年）2月12日止。所有取得的成就，以及在欧洲和中国人员中始终存在着的互相了解，一定会使中国人对这些他们请来建设福州兵工厂的欧洲人留下良好的回忆。

附件1：

福州兵工厂建造的军舰一览

工厂编号	下水日期	舰名	类别	排水量	马力	炮数	舰员
1	1869.6.10	"万年清"	运输舰	1450	150	6	100
2	1869.12.6	"湄云"	炮艇	515	80	3	70
3	1870.5.30	"福星"	炮艇	515	80	3	70
4	1870.12.22	"伏波"	运输舰	1258	150	5	100
5	1871.6.18	"安澜"	运输舰	1005	150	5	100
6	1871.11.28	"镇海"	炮艇	572	80	6	70
7	1872.4.23	"扬武"	巡洋舰	1393	250	13	200
8	1872.6.3	"飞云"	运输舰	1258	150	5	100
9	1872.8.21	"靖远"	炮艇	572	80	6	70
10	1872.12.11	"振威"	炮艇	572	80	6	70
11	1873.1.2	"济安"	运输舰	1258	150	5	100
12	1873.8.10	"永保"	运输舰	1391	150	3	100
13	1873.11.8	"海镜"	运输舰	1391	150	3	100
14	1873.12	No14	运输舰	1391	150	3	100
15	1874.2	No15	运输舰	1391	150	3	100

注：除了上述15艘军舰外，兵工厂还改造和维修了专用练习舰"建威"，以及汽艇"海东云"、"长胜"、"华福宝"等。

1873年12月1日于福州兵工厂

又及：上表付印后，14号船于1874年1月6日下水，命名"琛航"。

附件2：

报　告

（洋员正监督日意格就欧洲雇员在福州兵工厂的技术教习工作成果向船政大臣沈葆桢的报告）

为建设福州兵工厂而签订的合同中，以下述条款规定了洋员监督最主要的工作职责："自铁厂开厂之日起五年限满，如能照所具保约教导中国员匠于造船法度一切精熟，均各自能制造，并能自造家伙，并学堂中教习英法两国语言文字、造船算法及一切船主之学均各精熟，俾中国员匠自能监造驾驶"。

合同签订初期，即1866年12月，我们两名洋员监督共同承担上述责任。但到了1869年6月，因德克碑先生向阁下请求卸职，经批准后另任他职，而由我一人负责全部的管理工作。因此，现在由我单独向阁下呈交报告，汇报兵工厂中的中国学生和工人在欧洲人员教习下取得的成绩。

法语学校

使用法语教学的学校共有三所：造船学校、设计学校和学徒学校。除此之外，还对各车间聪颖的工人进行特别训练，使他们能达到合同规定的技术水平，即能看懂蒸汽机或船体的设计图纸，并能照图施工。

我接下去要介绍上述各校和车间的教学课目，并汇报各科的培育目标及取得的成绩：

造船学校

该校于1867年2月成立，当时有学生12名。起初由监督秘书A.Borel先生任教，到1868年4月改由数学教授L.Médard和物理、化学教授M.L.Rousset先生任教。移交时有学生26名，分为3个班。目前有学生38名，分为4个班。此外，还有1名学生已经学完一般课程。

该专业培养目标是使学生能够依靠推理、计算来理解蒸汽机各部件的功能、尺寸，因而能够设计、制造各个零件；使他们能够计算、设计木质船体，并在放样棚里按实际尺寸画样。我可以轻易证明，上述课程需要到合同到期后才能完成。如：为了计算一个机器零件或船体的尺寸，必须懂得数学和几何。为了照图制造机器零件或建造船体，就得懂透视绘图学，也就是几何作图。要明白蒸汽机、船体或其他物体所承受的重力、热膨胀力及各种别的自然力，就需要懂得各种物理规律。再有，了解某物体受外力作用下运动时要克服的阻力，以及该物体应该具有的强度，就要有静力学和机械学的知识。要具备上述知识，光懂得数学和几何就不够了，必须还要懂得三角、解析几何、微积分。这样才不仅能对一具有具体形状和大小的物体进行计算，还能掌握进行各种运算的方式方法。因为学生入学时对法语一字不识，所以如上学习法语，就使得学校预科的学习更为繁重。

最后，为了使学生能把学到的理论和知识运用到该厂的实际工作中去，还设置了蒸汽机制造的实习课，由工程师E.Jouvet先生任教；设置了船体制造实习课，由总木匠师M.Robin先生担任指导，由工头F.Marzin先生教习。在学校成立后的两年中，每门实习课每天都进行数小时的体力劳动，以便学生熟悉车间的工作，并逐渐培养其指挥工人的能力。

造船学校只有一班和二班的学生有时间完成全部课程。他们的课程包括：数学、初等代数、初等几何、几何作图、物理、三角、解析几何和微积分的一些知识，以及机械学。实习课到中国农历年底只能上十四个月的课，课程包括蒸汽机与机床的传动装置，以及传动装置中的传动轴、皮带轮、传动齿轮和传动皮带的阻力；详细讲解蒸汽机的锅炉和动力装置；还向学生们示范各种计算公式的实际用途，使他们能够计算本厂生产的船用蒸汽机和各车间装备的蒸汽机动力的不同因素，对于专攻蒸汽机的学生，工头Dessaut先生还教授调节蒸汽机的操作知识，也就是说如如何确定传动曲轴的活塞连杆的位置，如何确定控制进、出汽阀门的凸轮轴的位置，同样，学生们还学习关于调节汽缸的进汽量和排往冷凝器的排汽量的操作技术。不会准确的操作，就不可能实现蒸汽机的正常运转。

这些初步的学习是工程学的第一阶段。掌握了这些知识，是足以管理一个车间的。除此以外，当个工程师还应当能够制作一台蒸汽机的完整的模型，能够筹办一座造船厂等等。

要使学生有可能达到这一水平，必须使学生对各种的工艺流程、各类蒸汽机进一步进行对比学习，绘制各种型号产品的图纸，实际进行各种型号蒸汽机的操作和生产。但是我们既没有时间，也没有条件让学生达到这一水平。显然，中国目前还不具备培养工程师所需的充分的制造工业，他们必须要到欧洲去深造，只有那里才有时间才能提供各种可供学习的蒸汽机样品，他们必须学习至少四年。中国政府今后当会决定是安排这批学生在该厂各车间工作，马上发挥其作用；还是让他们去欧洲继续学习，为国家培养工程师，以便将来不仅能让他们管理现有工厂，还能利用最先进的工业成果，设计、规划新的工程。

现在说到的这两个班有14名学生，其中6名在设计科实习数月后调归总装车间，他们是：郑诚、郑清濂、陈兆翱、汪乔年、梁炳年、林日章。各种部件是在总装车间组装成蒸汽机的，因此这里是上实习课最好的地方，他们在这里受到前面所提及的操作技术的特别训练，我谨向阁下呈交他们为该厂生产的蒸汽机所制定的操作规章

有一个学生名叫魏遑，顺利学完了Jouvet先生教授的课程，但因体质太差，不适合在车间一线工作，改任他担当成绩较差学生的辅导老师。另外一个叫Lin-tsou-sin，分配到仪表车间，工作得很好。

最后6名学生分配到木工车间，他们是魏瀚、池贞铨、陈平国、罗臻禄、吴德章和游学诗，和他们一起实习的还有四班的3个学生：林鸣埙、曾宗瀛、杨廉臣，他们专门学习建造船体和船用设备，他们学会计算设计船体的外形，使其达到规定的尺度、排水量、载重量。他们只学习建造木

质船体，因为该厂只生产过这种船。学生们懂得木材应加工成多大的尺寸才能达到规定的强度，他们还知道船只帆具有多大的强度才便于操作行驶。他们在设计出图纸，并计算出船体各部分的准确尺寸后，能够在放样间里按照实际尺寸画出船体线图，工人们只要照样制做就可以了。为了使他们能把学到的知识实际运用到造船上去，我命令他们设计了一套"安澜"式运输舰的详细图纸，我现在荣幸地呈交给阁下。

三班有学生4名，平均每人入学学习时间只有63个月，他们和其他同学学习同样的理论课，但掌握的程度较差，他们没有足够的时间上实习课，然而他们非常深入地学习了锅炉和蒸汽机的构造知识，对蒸汽机各部分的工作情况十分了解，他们经过在设计科几个月的实习，能够识图并向他们指导下的工人讲解图纸。他们当中有3名被分配到模型车间已有几个月，另1名分配到总装车间已经29个月。

四班有20名学生，其中10名平均学习时间为六十三个月，但他们无法以和三班一样的进度学习，因为智力相对较差，另外的10名原来是绘事院一班的学生，1871年4月我命令他们转入造船学校学习，以便提高技术能力。四班的课程包括算术、代数、几何作图和物理，另外他们还学过设计，并且和三班学生一起学习过蒸汽机构造。我前面已经介绍过，四班有3名学生已经分配到木工车间，另外有2名：Tchang-king-cheng、Tcheng-kong-kouei已分配到模型车间，他们在该车间的57个月中取得的进步，足以使他们胜任那里的技术指导工作。有5名留在绘事院，掌握了编写蒸汽机详细说明的精湛技术，能够精确设计蒸汽机的零件图纸，并能将工程师的设计草图精绘成图纸。

阁下可以看到附在报告上的一份造船学校学习名单以及各人的技术能力鉴定，教授们为培养这些学生克服了不少困难，从下面的情况就可以了解到：入学时的105名学生中只有39人得以坚持了下来，掉队的学生中有6

名是因为不幸亡故，其他60名是因为跟不上学习进度，不得不令其退学。

如果中国政府希望马上使用这些学生，很有必要参考下面的名单任用。

郑诚应该主管蒸汽机制造，并担任设计科长，负责轮机车间的生产调度以及分发设计图纸。梁炳年和四班的4名学生担任他的副手。

郑清濂和汪乔年应该分别担任铸造车间和锅炉车间的主任，由三、四班的5个学生担任助手。

魏瀚应担任木工车间的船体和船用设备工程师，由罗臻禄和游学诗协助。

池贞铨应负责船台，由吴德章和杨廉臣为助手。林鸣埙总管木工车间附近的几个小车间：细木工车间、小锻造车间、罗经车间，陈平国和曾宗瀛担任副职。

Lin-tsou-sin应负责领导仪表车间的工作。

魏遑应担任三、四班的教学工作。其余未包括在评级名单中的学生，应回到各自原来实习的车间工作，如有各级负责职务空缺，有他们升任。

设计专业和设计科

设计专业的目标，显然是培养称职的人员能绘制生产所需的图纸，该专业由工头A.Louis先生任教，并由绘图员Kerdraon协助。

任何一个工业企业，设计部门都占有重要地位，阁下曾有机会看到兵工厂需要的大量图纸。我前面说过，该专业一班的学生都转入造船专业了，剩下二班的学生有11名，三班也是11名。

这两届学生学习的课程包括数学、几何、几何制图，还有一门完整的150马力船用蒸汽机结构课，要求学生绘制蒸汽机所有部件的各种加工图。他们能够详细解读每一种蒸汽机的设计图，8个月里他们每天要在车间度过几个小时，熟悉那里的体力劳动，并详细了解蒸汽机和机床的构造。自然，在进行这些课程的学习前要先学会法语，这门课把每天上午一小时和晚上一个半小时的学习时间排得满满的。呈送给阁下的报告中还附上了该专业学生的名单，以及他们的各科目学习进展情况。按照欧洲第一流院校的水平，学生应当能够计算、设计蒸汽机的所有零部件，使工程师只要设计总图就行。任何一个工厂的设计部门负责人都需要这样能力的人员，如果工程师没有这种人员的协助，他只好事事亲自动手，工作就会非常迟缓。这种协助人员不仅要具备一定的理论知识，还得了解各类蒸汽机和各工种的情况。此前只有在欧洲或美洲学习，才有可能获得这种能力。

学徒班

设立学徒班的目的是使青年工人能够识图、作图、计算蒸汽机的各类部件的体积和重量，并使他们达到在各自车间应有的技术水平。他们上课时间为晚上7：30至9：00的一个半小时。从1868年12月起，增加了上午的一个半小时。学习的课程为：数学、几何、几何制图、代数、设计和蒸汽机构造。1870年11月前，学生都由学校按照不同的车间进行分片学习法语，这对他们以后学习其他课程是必要的基础。在1871年3、5、9月，经过考试选拔后编成了四个班级。一班有学生21名，由Guérin、T.Piry和A.Latouche任教授。二班学生19名，由M.Guérin、Marzin、T.Piry和Rivasseau先生执教。三班学生有十几名，教授是A.Latouche和Cabouret先生。四班有17名学生，由Cabouret、Cabouret、Roberdeau和C.Serreau 3位先生执教。我特别向阁下介绍Guérin、Marzin、Latouche和Piry先生的工作情况。

第一、二班的学生水平大体相当。他们能详细解释一台蒸汽机的设计图，计算每个零件的体积、重量，并详细说明这些零件的用途。我检查车间工作人员时，仔细考问过这些知识。至于实际工作能力，有些特别优秀的学生已经有了惊人的进步，要不是因为年龄太小，不能马上负责重要工作，我会立刻推荐他们担任工头的。再者，他们也还缺乏经验，需要先大量接触多种型号的蒸汽机。我要向阁下介绍这些学生，他们是：Tcheou-ying-hsien、Lu-tchang-yuan、Ko-fong-ying、Tchen-hen-king、Lin-pe-hsun、Tchen-tcheng-tcheou、刘懋勋、裴国安、Tchen-kun-yuan、Tchen-che-hsieou、Jen-sin-ki、郭瑞珪、陈可会。如果把这些人送到欧洲去工作三、四年，他们中一些人不仅能锻炼成为能按图施工的工头，还能成为车间一级负责人，能够根据动力学计算各种蒸汽机零部件，尽管不能设计完整的蒸汽机或机床设备，但完全可以对不完整的设计图进行增补，并可以组织管理各部门的基层生产。阁下清楚了解各车间外国负责人给予我的巨大帮助，工程师达士博不在时，我就得依靠他们的才干组织各车间的生产，幸亏有了他们，生产一分钟也没有耽搁。

只有一、二班学完了上述全部课程，这里我要称赞学徒们表现的良好的学习精神。他们在车间劳累一天后，又牺牲一个半小时的休息时间，孜孜不倦地学习。三班没有时间学习代数，否则就必须超过合同期限。四班全部是迟入学或者成绩差，跟不上其他班进度的学生，这种情况下，不可能使他们学到很多东西，但是他们学过的一点数学和设计知识对车间的工作是会很有益处的。

车间和造船厂

各车间和造船厂的工作都由工程师舒斐先生直接领导，我前面提到为了履行合同规定的工作，在这些车间和船厂对较为熟练的工人和学徒进行了特别培训，使他们能够识图以及按图施工。

当然，训练课程仅限于简单说明蒸汽机的构造、一切部件的工作原

理，此外对不同部门的工人分别讲解该部门的详细操作规程，更深一步是
不可能的，这些工人没有任何的科学知识基础，无法学会制造理论。培训
的目标是培养工头和领班，他们不具有绘图或根据动力学计算蒸汽机机械
部分的能力，他们只能看懂非常详细的图纸，然后根据图纸进行制造或指
挥制造。为了了解培训的成绩如何，以便向阁下汇报，同时也为了在五年
合同期满前几个月使中国工人能够不依靠欧洲人员开展工作，我在阁下任
命的中国官员的配合下进行了一次考核，考核对象是由洋匠首选定的符合
条件的中国工人和学徒，下面为您介绍各车间的考核结果：

模型车间。首先考核的是模型车间，该车间的工头是Guérin先生，由
洋匠Pons和Muller协助。附录名单里的中国工人都能看懂150马力舰用蒸汽
机的全套图纸，能够详细说明所有零件的功用，回答技术上的要点。例如
考虑到熔铁冷却时的收缩，应使模型直径增加多少才能使铸件有足够的提
及用于加工。为了使翻砂浇铸方便，应当如何设计模型，模具应该做成什
么形状的。考核结束时，我曾向阁下呈送了该车间的考核评级表，并提议
由其不依靠欧洲人而开始制造150马力蒸汽机所需的铸造模型，该项工作
从1873年6月开始，从那以后，欧洲监工就没有再进入过车间，现在所有
相关模具基本完成，阁下可以亲自鉴定中国工人们是否已经具有我所说的
能力。（后面附12个工人和学徒的名单，他们都顺利通过了车间的考核）

轮机车间。该车间一直由工头Dessaut先生领导和管理，由领班
Sheidecker配合，后面附上的名单中的中国工人和学徒都一起或单独接受了
考核测试，被检查了识图能力以及对蒸汽机构造的了解情况，其中最优秀
的中国工人还在制图板上绘制了各种零件图，进行了装配操作和车床操作
以及车床操作中的安全措施等考核。最后还考核了如何发动、操作船用蒸
汽机，以及如何安装保养。考核结束时，我曾呈送给阁下一份该车间各工
段的工人名单，并建议由中国工人来装配最新设计的二号、三号150马力

蒸汽机，同时制造同类型的四号蒸汽机，并完成另一座较早设计的蒸汽机的装配工作。欧洲人员从1873年8月4日离开车间，当天中国工人开始独立工作，看起来他们能够如我指出的那样胜任工作。（后面附34名工人和学徒名单，他们都令人满意地通过了车间考核）

总装车间。这一部门由助理工头Cabouret指挥，助手是工人Piron。我向中国人员详细询问了有关各种蒸汽机的所有零件和锅炉的只是，对工头Houang-tae进行了特别严格的考核，他们必须回答各种机器在船上的安装位置、安装程序以及各部件的功用。这种考核非常必要，因为安装工要检查蒸汽机，并要一眼就能看出需要维修的地方。在阁下的批准下，我决定由中国工人独立进行第14和15号运输舰的主机安装工程，根据他们现在的工作情况，我相信他们能够圆满地完成这项工作。

锻造车间。该厂完全由监工Brossement先生组建，直到移交给中国人员前，一直由他领导，工人Besancon协助管理轧铁车间。由于该车间的工人需要有很大的力气，所以不能使用年轻的徒工，该厂的工人全是搬运工（苦力），或至少在汽锤和再热炉那里是这样。刚开始时车间只有1名中国铁匠，后来我才又找到几名从宁波来的铁匠，还有4名锻造生产船用配件的学徒。Brossement先生的功绩不仅仅是他建成了一个重要工厂，还因为他训练了一批工作人员，这些人原来对锻造工作一无所知，又比其他工种的工人头脑迟钝，最终使这些人员能够制造蒸汽机的笨重部件，这项工作就是由欧洲工人来做也会觉得很困难。另外，因为该车间比其他各车间竣工都晚，直到1870年10月才开始投产，培训达到合同标准要求的有7个人，阁下可以在下面看到他们的名单。因为铁匠只制造蒸汽机有限的几个部分，所以我只粗略地考问了蒸汽机的普通知识，而且是集中于该厂生产范围内知识。例如，我要求他们按照实际大小画出击中部件——这样来了解他们能否给下属分派工作进行指导。我命令他们计算这几种部件的重量及锻造需要多少生铁，再就是要求他们画出再热炉、汽锤和加热炉的略图，了解他们能否在必要时对设备独自进行维修，或指导别工种的工人进行维修。7名工人和学徒答对了上述问题，工头则只能大略看懂图纸，还无法理解更深入的知识。经阁下批准后，我马上让欧洲籍人员将工作全部交给中国人员，让他们独立制造2座150马力蒸汽机所需的锻件，其中1座是旧型号，另1座则是采用的新设计，这项工作从6月24日开始，现在已经非常圆满地完成了，制造难度很大的两根曲轴顺利制成。（后面附有通过了考试的工人和学徒的名单）

铸造车间。该车间现在由领班Robeson和Rivasseau分别负责铸铁和铸铜工作。铸铁部分同时还有工人Decauchuis协助，铸铁部分有21名中国工人和学徒达到合同要求的技术水平，铸铜部分有5名达到这一水平，名单见后。我详细考验了他们的识图能力以及对蒸汽机各部件用途的了解程度后，又考试了工作中的难点，例如：对不同材质的铸件应该使用哪种比例的砂子制做砂箱；金属与旧金属、铜和旧青铜、铜和锌、铅的合金比例；浇铸某种难度很大的铸件时应当如何放置铸模；应该采取怎样的措施使铸件中的空气能够排出，以及浇铸时应当具备怎样的外部条件。考试结束后，我向阁下汇报了该车间的工作安排，要求将所有工作都移交给中国人员，由他们制造1座新型号蒸汽机所需的全部铸件，外加制造旧型号的5号蒸汽机所需的零件。该车间在1873年9月3日进行了工作移交，欧洲人员退出，目前上述铸造工作已经完成，铸件已送交总装车间，可连最难铸造的汽缸也完全达到了质量标准。（后面附有26名工人和学徒的名单，他们全部达到了规定的技术水平）

锅炉车间。该车间是由工头Tolmé组建的，但是他在1872年11月因病离职，我又改任命领班Gosselin负责，其助手是工人Vastel。按照合同要求，该车间培训了铁锅炉生产部分的31名工人和学徒，以及铜锅炉生产部分的11名工人和学徒。我对他们进行了有关识图和蒸汽机工作原理等方面的考核，着重于锅炉和火管。我考问了不同部位锅炉壳板的厚度；如何加工锅炉壳板以及如何拼接；锅炉火管的直径等。第一阶段考试结束后，又编成2个组，一组是工人、一组是学徒，到放样间分别按照实际尺寸绘制整套锅炉的图样，即按图纸放样。图样由工程师舒斐进行了检查，结果全部正确，1∶1放样出的图样中，锅炉板厚度、火管直径、角铁和十字形支架的位置都和原图纸相符。很自然，学徒放出的图样比工人的更清楚。1873年10月9日，该车间的工作全部移交给了中国人员，并一直按照我呈送给阁下的计划进行生产工作，该车间从那时起已经由中国工头管理，无需欧洲人员协助，现在已经制造出了2座舰用锅炉，制造过程令人满意。（后面附有44名工人和学徒的名单，他们都达到了合同规定的技术水平）

木工车间。自兵工厂建设时，本车间即由总木匠师Robin先生管理，下属有工头Marzin，领班Péter、Raffeneau、Latouche、Guiraud，工人Boulineau、Quénaon。该车间内细分为4个不同的工作部门，分别是木工、钻孔、捻缝、桅具和舢板，其中最后一个部门同时也负责制造舵叶、绞盘和船台。中国木工和钻孔工的进步很快，早在1872年8月，我就向当时代理船政大臣的夏献纶大人提出建议，将第12艘军舰的木船体制造工作完全交给木工工头Ho-king-fou、Fong-tsing-yong、Ou-pen-kong、Tchen-si-ti和钻孔工头Tchen-tchoun-k'aé负责。同年11月9日，我又建议任命木工工头Ling-lang、Tcheng-tsing和钻孔工头Tchen-ho负责建造第13号军舰，他们的工作都令人满意，完全不再需要欧洲人员的参与，只有后来建造第14、15号舰时有所例外。在建造12、13号军舰时，捻缝工头Laé-heou也参与其中，独立指挥他的工作部门。最后在1873年8月25日，我又把桅具、舢板工作部门也移交给中国工头，从那以后一直由工头Fong-tong负责，无需任何欧洲人员协助。

　　我荣幸地向阁下呈报一分工人和学徒的名单，他们全都达到了合同规定的技术水平，在这其中，我要特别提出工头Ho-king-fou、Fong-tsing-yeou、Ou-pen-kong、Tchen-tchoun-kaé、Tchen-ho、Fong-tong，这些工头不仅能够识图、按图组织施工，还能在放样间画出整条船的图样。为了证明这一点，他们现在正按照我的要求在放样，不久就可以完成。如果知道他们以前没有任何科学知识基础的话，那么他们现在能够掌握这些知识，说明了他们的热情、才智和观察力值得赞扬。

　　前面我提到过分配到木工车间学习计算、进行船只放样的制造专业学生取得的成绩，这个车间的学徒也有同样的惊人进步，他们学了相应的木工技术，到中国农历年底完全能够进行绘图放样的工作，而且毫无疑问具有设计人员的水平。我不久要向各项呈送一套完整的和"永保"同类型军舰的详细设计图，图上所有的零件都是他们计算和设计的。这些成绩要归功于Robin先生，阁下是很了解他的良好工作情况的，同时还要归功于Marzin先生，这些学生和学徒主要是由他进行培训。（后面附有一份达到合同规定技术水平的工人、学徒名单）

　　配件车间。配件车间共有3座，分别是家具车间、小锻造车间、小轮机车间。

　　家具车间。该车间附属一个机械转锯厂，由Guérin先生组建。1873年6月，我把该车间移交给中国人员负责，第12、13号军舰上的家具、木舾装件都是他们制做的。中国工头Kiang-ta-ta和助手Tcheng-ki都掌握了识图和组织施工的能力。

　　小锻造车间。该车间生产造船和制造桅具所用的小型金属配件，在很长的一段时间里都是由工头Ribiére负责，他因病离职后，我把该车间交给领班A.Serreau和C.Serreau负责。后面附带的一份名单上的中国工头、工人、学徒都不仅能够看懂各种用途的配件的图纸，还能按照实际尺寸画出

草图图样，这样就能向车间布置具体的工作任务。（后面附有18名工人、学徒的名单，他们都达到了合同要求的技术水平）

小轮机车间。1873年8月初，工头Zeilin去职后，我就将这个车间移交给中国工头负责。从那时起，该车间的运行一如往常，工人A.Vidlou一直留在该车间，一方面能够培训艺圃的学徒，一方面可以参加一些特殊的生产工作。（后面附上该车间达到合同要求技术水平的14名工人、学徒的名单）

帆具。帆具的生产现在不用依靠欧洲人员帮助，由中国工头Léang-yitchen独立领导。这个重要的车间，同时生产索具，此前是由J.Saunders负责的。

舱内装饰。这个部门原是领班Latouche组建的，现在已经由中国工头接手管理。

仪表车间。合同第18条规定"其轮船中所用星宿盘、量天尺、罗盘、水气表、风雨镜、寒暑镜、千里镜、玻璃管子及制造塞轮机之软皮、软毡即音陈勒勃之家伙等件，应另雇匠教造。"仪表车间就是根据这一要求建立的，目前车间分为两个部分，罗经车间和时计车间。

罗经车间。由工头F.Lemarchand负责，该车间为除了"万年清"、"湄云"之外的所有本厂造军舰制造了罗经、小型和大型望远镜、气压计、压力表、陀螺仪、表尺等。后面名单上的工人可以不需要依靠欧洲人员的协助，独立进行生产，因此我命令该车间在去年10月9日移交给了中方人员。

时计车间。由工头Puthon负责，该车间已经生产出罗经箱和计时装置，并装备了本厂建造的几艘军舰。现在在制造钟表，这是难度很大的产品，在欧洲能熟练制造这种仪器的工人也很少，我希望到今年年底时能向阁下呈送该车间制造的仪表。

英语学校

现在我向阁下汇报军工厂培训舰船驾驶人员的成绩，培训目标在合同第17条有这样的规定："教作船主有难有易，洋面能望见远山者，驾驶较易，其数月数日不见山地之大洋，驾驶较难。卑镇等所称五年限内教成中国员匠能自驾驶，系指能望见远山之海面而言。如欲保能行驶数月数日不见山地之大洋，须照星宿盘、时辰表测算洋面情形、海水深浅，尚非五年所能尽悉。"

如合同所述，主要进行近海航行的训练，只要学会使用海图，有限的地理和航海天文知识以及操船的技术，最后一项需要经过上舰实习一定时间。但是，鉴于给下交给我们的学生都很聪颖，且热情高涨，我已打算不仅仅局限于教会他们在近海航行，还将教会他们远洋航行的技术。

我已经向阁下推荐了其中几名年轻人，他们能够在世界任何地方航行，依靠观测、仪表来计算确定航向。航海学校（后学堂）分为3个部分：航海学校、"建威"练习舰以及轮机学校，这些学校都按照合同规定用英语教学。

航海学校。该校又叫航海理论学校，由嘉乐尔（J.Carroll）先生负责，并由R.Skey先生和罗丰禄协助，除了必须开设的英语课外，课程还包括高等数学、几何、代数、直线和球面三角、航海天文、航海数学和地理。所有这些学科对航海人员都是至关重要的。当航海人员看到海岸的时候，他可以选择几个计算点，用直线三角学测出船和陆地间的距离，而要掌握这些，首先就必须学会数学、几何和代数。如果要用太阳、月亮和星星导航，就要用天文学知识来找出这些天体的位置和运动规律，还要用球面三角学测出它们在地平线上的高或距离。航海理论使航海人员能利用这些手段、观测方法、仪器来计算确定他的船的位置。利用经线仪可以知道他所处地点的当地时间同某一个时区的时差，并由此就能知道他所在地的经度差。最后一点，如果没有一定的地理知识，就不可能环游世界。

J.Carroll先生用了3年半时间完成了这一教学计划，我因此能在1871年5月17日用急件致函阁下：有23名学生学习结业了。这其中有3名因身体不行不能上船，1名叫罗丰禄，现在是副教授，他是这批学生中成绩第一名的优秀生，欧洲人员合同到期离开后，他就能升任正教授。另1名叫李达璋，被我任命为翻译员，他的英语有长足的进步，使我能够委托他翻译军舰上的火炮、枪支的资料，这份材料我不久就要呈送给阁下。还有1名叫黄煊，轮机学校的副教授，工作得很好。其他20名学生已经上了"建威"号去实习，现在仍在船上。

教完前面说的第一班后，Carroll先生又接任二班的教学。该班有9名学生，当时已经学了43个月。1873年9月3日，他们也上了"建威"号实习，学校还剩15名学生，今年年底其中10人能学完数学、代数、几何和地理，他们到现在只学了30个月。还有5名还在初学阶段，他们入学才1年，有的甚至才几个月。我不必向阁下详述Carroll先生在教学工作中表现的热情和付出的精力，只要指出，他虚弱的身体本来一开始就会使教学停顿下来，可是他凭借坚强的意志力，竟顺利完成了我在制定合同时不敢想象的目标。

练习舰。现在在练习舰上的学生有些选自香港，其余的来自Carroll先生执教的航海学校。由于兵工厂几乎3年都没有1艘练习舰，我曾要求阁下批准航海实习学校的教授从香港招收10名青年，在他负责下进行特别学习。我还指导航海学校的学生进行操炮和航海技术的练习。衙门拨给我"福星"号炮艇作为练习舰后，教授马上就开始了训练。我后来在1871年8月，又用它换了"建威"号。我这里无需把我组织该校的教学所遇到的各种困难重复一遍，阁下对之已经很了解。这些困难直到来了原在英国皇家海军服役的德勒赛（R.E.Tracey）船长后才得到解决，现在由他在负责该练习舰，在他管辖下有枪炮长J.Harwood，还有水手长F.Johnson，此人是在C.Watton先生离去后不久才到的。

在1873年6月16日发出的信件中，我向阁下介绍了在Tracey先生得力的教学下，学员们所取得的进步，并建议任命两名学员：张成和吕翰担任船长。每人分别配一名副手：李田和黎加本，他们也都能指挥航行。要证明这些任命得当并不困难，我已请大臣看过学生们在"建威"号上的观测记录和航海日记，大臣登舰检阅时，我还命令几名学生进行了操作演练。在那次检阅中，可以看到学生和水手们配合，在执行操船任务时准确无误，协调一致。还可以看到，经过对年青人进行了舰上不可或缺的纪律训练后，该舰上已经形成了十分好的纪律环境。

最近一次75天的航海训练刚刚结束，Tracey先生委任新近任命的2名学生来指挥航行和靠泊的全部操作。Tracey先生现在正督导另外四名学生进行这样的训练，训练结束的时候他将推荐两人任舰长，两人任大副。这四名学生按照入学先后顺序列名如下：林国祥、叶富、邓世昌、李和。"建威"号将于12月中旬回到福州，并于明年1月1日再度出海，下次航海训练结束，Tracey先生将再推荐六名学生担任舰长和大副，他们是：刘步蟾、林泰曾、蒋超英、严宗光、何心川和黄建勋。那时就到了中国农历年底，或者说，就到了我们和中国政府的合同期满告别的时候。

"建威"上的学生，除了1873年9月3日最后上船的9名以外，当已掌握了驾驶船只所需的理论和实践方面的知识。为了使自己能被培养或保荐为舰长，他们就应象首批学生一样，在教员的监督下，驾驶该练习舰航行一定课程。如果欧洲人员撤离后不在维持练习舰，那么可以把学生分配到兵工厂造的轮船上继续专业实习。一旦需要任命新舰长，他们都是现成的合格人选。

最后9名学生也可以安插到各艘舰上，大约两年后他们就应能进行实际操作了。下面附上"建威"号上的学生名单，并附有各人的成绩。

如果中国海军当局并不马上需要这批青年服役，应当可以派遣其中一部分去欧洲深造，这不但对他们个人，而且对他们的祖国都很有益处。

在那里学习两年后，有些人也许会被派到外国军舰上担任见习军官，这不仅会有助于学习指挥军舰，还有助于学习指挥编队航行，另外还能借此熟悉各种大炮、武器，这是我们现在还无法提供的教学和考核内容。

至于"建威"号，如果兵工厂打算今年底以后继续使用它，那么就需要进行一次大修。该船自从归我们使用以来，经历了几次风暴，受到了严重的震动，必须对船壳进行仔细的检查，替换每根受损的木料和船板。（后面附上"建威"上的学生名单和每个人的鉴定。）

轮机学校。轮机学校自成立以来一直由W.Allan先生负责。该校的学生都是由他从上海和香港的工厂中招收的有几年工龄的青年，这些学生在当地都已经具有一定的生产铁、铁板的经验。学习的目标是指导学生掌握蒸汽机的理论和实践知识。首先要学英语，然后学习数学、几何、设计、蒸汽机构造、船用蒸汽机的操作和维修、仪表和盐分计的使用等等。为了使学生能够把所学理论运用于实际，学校组织他们进行了几次实际操作，主要包括：在陆上分别进行150马力和80马力蒸汽机的装配；为"万年清"安装1座150马力蒸汽机；为"湄云"和"福星"各安装1座80马力蒸汽机；为"琛航"安装1座80马力蒸汽机；为"靖远"安装一台80马力蒸汽机；为"伏波"和"海东云"安装锅炉。

Allan先生的14名学生已先后在兵工厂建造的舰船上工作，他们是：梁逸卿、黎阿本、林鹤龄、陈景康、何朝先、李阿富、黎晋骆、郭成志、李亚文、张永清、杨进宝、彭就胜、冯瑞金、卓关邦。该校还有6名学生已经合格，一旦需要可以立刻分配工作。另有1名年龄太小，还不能让他操作机器，但可以让他担任助手。

Allan先生的学生登舰实习前，都必须先经过考试：每次舰船返回福州，都要由教师检查他们的管轮日记。由学生操纵的蒸汽机都要每年检修一次。这些都对见习学生很有益处，Allan先生显然是出色地完成了托付给他的任务。

总　结

从前面的内容中阁下当已了解兵工厂的外籍人员对中国学生和工人进行训练所取得的成绩。

有关造船方面，可以概括如下：

轮　机

1、7名青年正在接受管理车间的理论培训，如果继续进行下去，他们将能指挥本车间的蒸汽机制造。1名学生能够担任在学各班学生的教授。

2、有21名青年人再经过1年或1年半的学习，可望达到上列学生的水平。这两批学生中共有20人经过一段学习后可成为工程师。

3、有24名学生学会了至关重要的蒸汽机的设计和实践知识，其中8名再经过一段学习可以担任设计部门领导。

4、有87名入学徒工掌握了本专业重要的实践知识，能够根据图纸施工。其中53人如果继续进行学习，可以任车间领导，特别聪明的甚至可以成为工程师。

5、有186名工人和学徒能够根据图纸施工。

船体建造和船用设备

1、有9名学生能够设计木壳舰船、计算船体面积、各种航海性能、绘制船壳和帆缆图纸、放样，以及指挥施工。这当中有7名再继续学习的话，可以成为工程师。

2、有14名学生顺利学完了木工课程，掌握了设计、放样等知识。其中9名再继续学习一段时间可以成为总木匠师。

3、有6名工头学会了放样，并能指挥建造船体和其他设备的施工。

4、有58名工人和学徒能够根据图纸建造船壳或者进行装配工作。

有关航海训练方面，有如下几点成绩：

1、有14名具有理论和实践知识的驾驶人员，能够指挥军舰进行远程航行。

2、有12名掌握了理论和实践知识的驾驶人员还没有在航海实习教授的监督下进行练习舰实习。

3、有9名具备了理论知识，但还没有足够的实践经验的驾驶人员。

4、有15名仍然在学的学员，其中九名很有培养前途。

5、有3名已经任职的学员，2名是教习，1名是翻译。

6、有14名学员已经担任轮机长，另有7名正在待命。

我不想冒昧揣测中国政府为兵工厂的未来作了什么打算，我们——我和我的下属——必须完成我们的义务，我们已经全力以赴争取圆满的结果。到1874年2月，我们就要结束使命。但是在有关学生和艺徒门的学习问题上，我觉得有责任多说两句，就是中国政府如果采取措施，让那些我前面提到的有培养前途的学生继续出国深造，中国将会从中得到好处。这些学生的学业都打下了坚实的基础，这是靠着正确的教学方法和热忱的求学精神所共同形成的，只要再有几年深造，他们就会成为中国的工程师、各部门的管理人才，能够生产、制造中国想要的各种舰船和蒸汽机，并且能成长为和西方国家海军人员一样经验丰富的军官。如果对这么可贵的前景无动于衷，坐失良机，甚至一有风吹草动就改变主意，那无异是断送全体教习（更重要的是全体学生）7年来热情认真、坚持不懈的努力。

在结束这长篇总结时，我要向阁下提一提工作中和我关系最密切的4位同事，他们在工作中配合默契、为我提供了很有价值的帮助。我要说的是帮办斯恭塞格中尉、洋员秘书A.Borel先生和阁下派遣的两位中国秘书汪宝臣和林朝参。由于他们忠实的工作，有一段时间经常烦扰厂长们的不服从命令、玩忽职守的现象消失了，我因此能够克服出现的各种困难，消除拦路的各种反对意见。

最后让我向阁下致谢！我实在找不到恰当的语言来感谢阁下从精神和物质上给予我们的支持，使得我们没有半途而废。阁下对我真是有求必应，您不断督促中方人员绝对服从我们的工作指示，赏罚分明。您毫不听信那些对船政的成功散布怀疑情绪的言论。如果大清政府认为我们的共同努力并未达到预期目标的话，那公正地讲，应该由我负担一切责任，因为实在不可能再找到比我从您及您的部下那里得到的更诚挚、更亲密的合作了。

日意格

1873年11月18日，于福州兵工厂

沈大臣致皇帝陛下奏折

奏为船政教导功成，吁恳天恩，将出力之洋员、匠并案奖励，并速筹犒银、回费，俾得如期遣散，以昭大信而杜虚糜事。

窃臣于同治九年二月间奏请俟轮机创造就绪，恳将中外出力人员择优奖励，奉旨允准在案。嗣臣以丁忧交卸，致未举行。自本年六月起，该监督日意格逐厂考校，挑出中国工匠、艺徒之精熟技艺、通晓图说者为正匠头，次者为副匠头，洋师付于全图，即不复入厂，一任中国匠头督率中国匠徒放手自造，并令前学堂之学生、绘事院之画童分厂监之，数月以来，验其工程，均能一一吻合，此教导制造之成效也。

后学堂学生既习天文、地舆、算法，就船教练，俾试风涛，出洋两次而后，教习挑学生二名，令自行驾驶，当台飓猝起，巨浪如山之时，徐觇胆识，现保堪胜驾驶者已十余人。

管轮学生凡新造之轮船机器，皆所经手合拢，分派各船管车者已十四名，此教导驾驶之成效也。

伏惟船政只自强之一道而创始较他务为独难，当一篑之甫施，讵成山之敢望，或以洋人秘其要领，弗轻传授为疑；或以中国狃于见闻，无可攀跻为虑，仰赖乾纲在握，翊赞金同，既历久而弗渝，遂观成之有日，虽精益求精，密益求密，尚有待于将来，而步能亦步，趋能亦趋，已幸偿夫始愿，想重译争效所长之意，正中朝有善必录之科。

兹据日意格将出力之洋员、洋匠开单请奖前来，臣逐加检核，尚无冒滥，谨将原单抄呈御览，候旨遵行。监督日意格始终是事经营，调度极费苦心，力任其难，厥功最伟；德克碑自同治九年二月后前赴甘肃，臣左宗棠另有差使，惟经始之时度地计功，购料雇匠，驰驱襄事，亦未便没其微劳，应如何分别奖励，俾昭激劝之处，出自宸裁。

（翻译）G.Lemaire

钦差船政大臣沈葆桢致兵工厂洋员监督日意格的公函

值此兵工厂建设计划成功之际，本大臣及陕甘总督左大人、福州将军文大人、闽浙总督李大人、福建巡抚王大人共同奏请皇上对汝等予以格外赏赐，以表感谢。总理衙门大臣通知我，有关授予汝一品衔、头品顶戴、黄马褂的申请，在同治十二年十一月十八日获皇上恩准。

我特将此告知，并送上头品顶戴。此致日意格先生。

同治十二年十二月十日（1874.2.2）

（翻译）G.Lemaire

沈在同日发出的第二封信中宣布了他和前面提到的几位大人为其他欧洲人员申请的奖励：[1]

斯恭塞格 L.Dunoyer de Sengonzac	帮办	三品衔、一品顶戴
德勒塞 R.E.Tracey	练习舰教习、航海实习教授	三品衔、一品顶戴
舒斐 Jouvet	工程师（总监工）	四品衔、一品顶戴
任清 Zédé	工程师（总监工）	四品衔、一品顶戴
传赖 Borel	洋员秘书（文案）	四品衔、一品顶戴

---

[1] 沈葆桢在上奏请奖的名单中漏写了翻译日意杰（Giquel），日意格在誊抄时也遗漏，后沈葆桢专门上奏补救，为日意杰补发二等宝星。此外，和沈葆桢原奏的名单对比，日意格誊抄的这份名单里遗漏了一位名叫力法素的洋匠，原因不详。

日意杰 Giguel（Jules）	翻译	四品衔
布沙清 Poujade	医生	四品衔、二品顶戴
禄西 Rousset	教习	四品衔、二品顶戴
迈达 Médard	教习	四品衔、二品顶戴
嘉乐尔 Carroll	教习	四品衔、二品顶戴
阿兰 Allan	教习	四品衔、二品顶戴
乐平 Robin	总木匠师	四品衔、一枚金质功牌
博士忙 Brossement	铁厂厂长	四品衔、一枚金质功牌
克林 Guérin	制模工头	五品衔、一枚金质功牌
清索 Dessaut	装配工头	五品衔、一枚金质功牌
卢维 Louis	设计科科长	五品衔、一枚金质功牌
Marzin	木工工头	五品衔、一枚金质功牌
马尔尚 Le Marchand	精密仪器车间工头	五品衔、一枚金质功牌
普日重 Puthon	经纬仪车间工头	五品衔、一枚金质功牌
帛黎 Piry	教习	五品衔、一枚金质功牌
仕记 Skey	教习	五品衔、一枚金质功牌
阿务汪 Harwood	枪炮长	五品衔、一枚金质功牌
三达士 Saunders	帆缆工头	五品衔、一枚金质功牌
嘉卫勒 Cabouret	领班	五品衔、一枚金质功牌
腊都实 Latouche	捻缝、装修厂厂长	五品衔、一枚金质功牌
Scheidecker	施工领班	六品衔、一枚银质功牌
卑德 Péter	木工领班	六品衔、一枚银质功牌
腊佛奴 Raffencau	钻孔工领班	六品衔、一枚银质功牌
机鲁 Guiraud	木工	六品衔、一枚银质功牌
克那温 Quénam	木工	六品衔、一枚银质功牌

　　总理大臣通知本人，皇上在十二年十一月十八日恩准。我将奖励的各品顶戴及宝星、功牌送交汝，由汝分发给各人。

同治十二年十二月十六日（1874.2.2）

（翻译）G.Lemaire

福建船政局厂告成记

黄维煊

同治四年，湘阴左公宗棠奉天子命总督闽浙，时大憨甫平，征戍未息，外夷狙伺，乘暇蹈隙，是故战守之资诚不容一日废也。公于莅任之数日，统筹时局，运谋擘画，以为当今所急无过海防，海防先务莫如轮船，往年所需辄购雇外洋或倩其代造，动费巨万，窳良莫辨，是非自为开厂制造兼铸枪炮不足以为自强持久之计，然开厂难于择地，择地须近海口，合南北洋各口而论之，则莫如闽省最为适中，甚得形势，拟于此地择地开厂先行试办，候有成效更为推广，行之如此，则不独资不外竭，而战守之具亦庶乎有所恃矣。

疏奏报可，于是相度地势，参考西法，择于闽省马尾江之三岐山下，鸠工庀材，创立兴办。其地山形四围，面临马江，宽可一百三十丈，长一百二十丈，深约十二丈，滨江一段长广且倍，开槽浚渠，芟除秽积，凸者平之，洼者隆之，纲张目举，规制粗备，朝廷特简前江西巡抚侯官沈公葆桢为船政大臣以总其权，遂请于现任边府中选派数人以充其事，并聘订洋员日意格、德克碑二员监督匠役，又复选雇中外匠师、招募幼童，俾资工作。

经始于同治五年九月，落成于七年七月，计建造衙、廨、厂、坞、洋房等八十余所，中为节使署，署左分建木料厂十间，前为制造学堂，迤南为日监督洋楼，偏西南为艺圃、为东考工所，迤西为西考工所，中逾一岭为管轮学堂，别辟一径通山巅教场，近山麓则为中国匠房，岭半建洋匠房二所，艺圃之东北亦设木料厂二所，其前为驾驶学堂、洋匠房、通事房，匠房之左为法国、英国两学堂，署右为德监督及洋员洋楼，迤北为洋匠首房。使署前临大池，池前亦建木料厂一所，偏西则为洋匠房。自东考工所、艺圃、通事房、制造学堂与此洋匠房并相连近，外则滨江之地，煤厂在焉，特设栏栅以格之，两边分置铁路与中贯通，以便运物。栅外中沿江建船亭六座，均间以船架，后为模厂、转锯厂、截铁厂、钟表厂、船厂，又后近栅门处则为办公所，与行台相连，前置大自鸣钟、号钟各一架，工匠凭以作息者也。船亭之南建起重边头两处，中设舢板厂，再南为铁船槽，后为收储机器所，又为样榜厂、铸铁厂、轮机厂、合拢厂、水缸厂，合拢厂之上建画楼一所，又后为收储机械所、帆缆厂、炮厂，其水缸厂之南前后所设广储所四处，安放锤铁物伴一所，广储所之南则为拉铁厂、锤铁厂，与西考工所接，前临江口为天裕船坞，坞旁置木料厂三所，迤南为通商局，毗邻英国教堂各洋房矣。船亭之北亦有栏栅相格，其外亦辟船坞一所，两旁亦置木料厂，坞口为船政水师管，船坞迤北傍山脚下别建储材所一、木料厂五，与海潮寺相连属，此外则民房矣。使署背山有径上通于半岭，建天后宫一所，以期镇慑，以申祈祷，复于置之东偏山冈平行处筑立镇海管营一座，以资护卫，其附近之民舍、洋房等或居山足，或处江滨，与厂间隔，各不相侵，此则创立船政始建时之大略也。

初左公奏派之员为周寿山、吴相云、夏筱涛、胡雪岩、叶清渠诸观察，李太守庆霖暨余七、八诸君，或有官守，或别有职事，皆不克驻工亲莅其事，某以不才猥蒙深任，幸免陨越，得襄厥成，既已绘图立说已备观览外，复为志其缘起如右。同治九年闰十月朔日。

船政内部规章

各项内章释要

录自沈黻清著《船工纪事》。沈黻清是沈葆桢之孙，曾任船政文案，其兄沈翊清曾任船政会办大臣，因而对船政各项事务极为熟悉，《船工纪事》所录内容十分珍贵，其中尤以介绍船政内部职掌、规章、办事方法程序的"各项内章释要"最为重要，是直接了解清末船政内部管理制度的宝贵材料。从《船工纪事》中所录的情况看，其内容所涉的是1896、1897年间徐建寅、杨正仪任船政提调的时期。《船工纪事》一书原件已由沈黻清之孙沈祖庄，孙女沈苏、沈桂、沈织、沈骏捐赠给中国船政文化博物馆。

后学堂管轮教习合约、前学堂教习迈达合同

1874年船政创设五年计划顺利完成，原雇的洋员、洋匠大都按约回国，1876年，根据学堂教学等工作的实际需要，船政再度从欧洲雇佣洋员、洋匠来华，直至1884年告一段落，这两份合同是这一时期船政为了再雇洋员而制定的合同样式。

洋员续订合同简明约章、续光绪二十二年原合同

甲午战争后，船政大臣裕禄为重兴制造，援引昔日左宗棠雇佣日意格、德克碑组建西方技术团来华合作的前例，于1896年再次聘用外国技术团队来华，该合同是这一时期的洋员监督杜业尔被遣后，船政改聘法国人柏奥镗担任总监工时的合同。

各项内章释要

沈骏清

一、创设情形

闽省议创船政，由洋监督日意格、德克碑上陈左侯中堂筹商，现约定明年在立合同时，一切规模悉听调度，用工、采料以及生徒、匠丁去留升降，均归裁酌，随时参考。

船政创自同治五年，择地中岐，离省路程四十里，丈买民田四百余亩钉桩培土，建衙并洋楼、船台、厂、所，坞周四百余丈，其余营房、砖窑、灰厂及储材所，或设在山巅，或离坞里许废地分布。

创建工程先设学堂，招考幼童，延请洋教习教授。所有学堂、各铁厂及洋员住宿、公共之所，均仿洋式。应配机器家伙由洋购运镶配，并募洋总监工及各项洋匠首分司各厂教导，计洋员匠五十余员，月约薪费一万两有奇，同治十二年底限满，功成遣回。

创设一切动款由闽海关结款先筹四十万两，同治五年十二月起每月定拨五万两，嗣因月款不敷，余准自同治十二年正月起至十二月止在协甘饷内每月划拨二万两应用，十三年正月洋匠回后，仍旧拨五万两。

二、员绅分司执事厂所应办工程

提调。总司考察一切公事，商办一切工程。制宪兼管起各厂所写牍、谕，由提调随时酌办，另有关防以资应用。

总稽查。巡察各厂工作勤惰，并修订各项章程。

文案处。司核各项文稿、批札来往呈写，及各厂所、各船请购料件以及请修、请制转来事宜。

支应处。专司收发银钱及购造工料价值、月发薪水辛工各事，及衙门和厂所所需用器皿皆归料理。

办事所。系洋员会商中外交涉事件，及洋船运到料件由文案誊写中国免税单交该所洋员加誊洋单，付水师营弁交海关签字起驳，派前学堂一洋教习付办。卞宪任内裁撤洋教习，派出洋生办理。

工程处。调度一切工程。从其系派洋员，名曰总监工。现系派道员，自出洋学生回华后，遂改总监而设工程处。

报销所。专司动用经费报销账目，委用员绅。由各厂所开明拨用工料细账交核该银若干，分别开单送文案，移请解还。

核册所。该所核对各厂所月间动用收发各项工料清册。自十九年七月裁撤，其册统归报销所核办。

电报局。于光绪十年海防紧急时就署内添设，十七年十二月经电报总局商请移设长门。船政函召公事打电报，议明预印船政关防只送电报单，随时清明字数交东考工所内福州电报局打发。

保甲发审所。司附近厂地保甲，厂中工匠滋事犯法均归询明、录报。中岐马尾附近厂地和开烟馆、妓寮，聚赌犯法案亦由其报明督办。前系派员专办，十六年九月裁保甲发审名目，附近厂地各处责成福靖前营全面总查稽查弹压，工匠滋事由提调问讯。二十年七月，福州调驻长门另设巡防所，抽拨健丁营、水师营水勇分巡查夜。嗣拨威营驻厂，则撤巡防营健丁，其保甲事务仍委厂员兼办。二十二年二月另派委员。

翻译处。系派出洋学生学成回华充办，此处专译各国及各洋员来往公文、信件，并西书有关治兵、筹防、交涉、理财各类择要译明刊行。前派学生专办，嗣应别差停。

工程处原分两处，一曰制船工程处，调度船厂、船槽、模厂、铁胁、桅舵、舢板等厂工程，并估船身制法；一曰制机工程处，调度轮机、铸铁、水缸、拉铁等厂工程，并估算机器马力造法，均派出洋学成回华学生充办。船厂专造船身及全船木器兼房舵器具、装饰油漆，凡木、捻、钻、锯各匠工程均归经营。至修建各厂，则委员差弁查点巡察，所有工料归制造工程处监工核办。

舢板厂。专造舢板兼桅舵、炮架，归船厂兼管。

船槽。拖船上槽，察看、洗刷、修理船底，通知修船，始开机器将船拖上槽面而工作。

帆缆厂。造船帆、布幔、悬床、衣袋及桅上镶配绳索、辘饼并起运重物。

铁胁厂。造铁胁并船身铁槽、铁板、铁梁及镶配泡钉、钻铁孔等。

模厂。并设各样火锯，专造各项机器之木模并辘饼，由绘事院绘图，按式制成之后，发铸铁厂鼓铸成件。及制船上各木器。

铸铁厂。鼓铸轮机和镶配船上各项铜铁件，并随时添换各厂机器铸件。由模厂发模，该厂即制泥模鼓铸。

轮机厂。大自全副轮机，小及轮机水缸镶配零件，均归车光、磨刮、刨钻工竣后，合拢成副。并造钢铁各项家伙及船上轮机，皆该厂装配合拢，钟表工程亦归其经管。

截铁厂。制造船上镶配铜铁件及各项小机器，并各项钢铁家伙。

水缸厂。制造水缸、锅炉、烟囱、风筒、烟管、汽管、向盘、汤汽表、小汽表、记数表、千里镜等件，及属冷铁、熟铜之料皆该厂制造。

拉铁厂。制造熟铁各件及轮机钢铁胚，兼打铁钉栓器具，及拉碾铜铁条、铁槽、铁板。

皮厂。制造各种皮管，各厂牵掣轮机皮带，包裹船板桨用皮箍，洋火药用皮袋等件，向归船厂兼管。

砖灰厂。造火砖、红砖并烧灰、锻炼金山熟煤供铸铁。

版筑所。雇泥水匠修砌各厂机器、水缸炉座、烟囱、风沟、火沟，并修各厂屋墙兼砌铁胁船底洋土灰、船上水缸大炉底洋火砖工程，现归船厂兼管。

炮厂。储购备船上配用的洋枪、炮械、子弹、炸药，及省局寄存炮械、水雷等件，责成磨擦，现归帆缆厂兼管。

制炮工程处。光绪十三年七月，出洋生李芳荣回华后，饬就拉铁厂大汽锤试制、试办十三生口径大炮，并寄购钢胚、炮膛机器应用。十五年三月，费绌停。

水雷所。造各种水雷并制配引线、洋火药。制成一种即赴对岸乌龙江试演合式收存。查水雷之设，光绪七年任内总监工、通判许禄光在工试造。十一年间，因筹防海口需要，派广东学生陆汝成、建郡生员杨仰曾开制，不分粤学、闽学，两处各用匠徒数人。嗣裁。

鱼雷厂。专习制法，始于光绪十二年六月。先则修整、合拢德购鱼雷十具，兼拟购料仿造，一面派匠赴旅顺学习，一面招徒二十名就厂课造。原设出洋生一员，教习演放学生二员，匠徒小工五十人，薪费省局解给，十五年七月停。

机器局。原设省会，于光绪十九年二月移并，即住原鱼雷厂内工作，薪费由省局解给。

石船坞。始于光绪十三年，择建罗星塔青洲地方，离厂三里许，购买民田，于十一月开办。十五年八月，费绌停工。旋附海军衙门议将石坞造竣，以修铁甲，十六年二月起续兴该坞，经费先由制船经费开支，嗣应款绌，议由北洋拨借十万两，候将来南下修船陆续抵还。

广储所。存储各厂兼船上所用铜、铁、煤炭、机器家伙等料件，无论中外大小之物，各处办到均归验明存储，各厂需用随时领发，专设挑夫以资运送。

储材所。储各项木料，凡中外木料到工，先由该所按根量收、编号，分储料亭，用时随发，专设挑夫已资运送。

火药库。盖于中岐山后，以存各项洋火药备用，由陆营拨哨勇驻巡。二十年七月，陆营驻长门，由省派员看管。

前学堂。住幼童，设教习，教以法国语言文字及重学、气学、算学、画法、地球推算、船身、轮机、水缸兼配桅舵、帆缆诸学，亦召专学试验五金、开矿、化学及翻译。

绘事院。收藏图籍，招幼童读法国语言文字，并就前学堂资质稍逊者降入，专习绘图、算法并轮机制造各艺，及船机器具应绘者，皆归缩绘。其学生并前学堂学生住宿。

后学堂。住幼童，设教习，教以英国语言文字，学习驾驶、管轮。驾驶者习船艺暨天文、地球、海道、测量、算学、八线、枪炮。管轮者习轮机、水缸、算学诀窍、行船速率。

艺圃。住艺徒之所。同治七年出示招考，专习制造，分隶各厂。前归本厂洋匠教导，后则以匠头为师，半日学习手艺，半日读书兼教粗浅算法，夜加课读法国语言文字，俾易通晓。光绪六年，黎大臣裁撤，各徒并入东考。十一年，因添招艺徒复设。十九年秋，各徒并归西考住宿。

东考工所。住宿闽、粤各匠，房每间设板床十架，住匠十人，工繁匠多，房间当可归并。

西考工所。住宁、厦、闽各匠，余同上。

健丁营。住宿各厂帮做小工及挑扛料件者，略仿营制，分队编棚，委员管带，仍由总哨什长出棚入厂，点钟及按期领辛与东、西考一律。

楚军一营。曰船政福靖前营，自辟场地由省调驻，分巡各厂，稽查附近工次地面，夜间分班巡查，不时调派挑土、盘运料件，薪粮省给，冬接船政大臣亲临察看，给予犒赏。二十年七月调驻长门，或拨左右两哨驻厂。

镇海水师营。原设炮船十号、水勇三百余名，巡缉船坞沿江并监驳洋船运到料件，嗣后陆续裁撤。现有炮船七号、小划船十号、差船一号，全营共一百零八人，中外兵商船出入，责成该营探报，薪粮省给。

挖土船两号。因江干往往污泥停积，有碍新船下水或修船起驳等事，经先后购制挖土船，委差弁管带逐日在潮退时升火开挖，另选派小船盘载土沙驶出深港倾卸，船上看车、烧火、工人等，由厂选充。

工次设小轮船三号、洋官座一号，又大官座一号、小差船一号。召匠揽造，均备往来差遣，并派差弁管带，以每日派小轮船一号为例：早晨七、八点上省，下午三、四点回工本署，当差人领签为凭，限搭人数。座船则不在此论，倘遇要工，例船不及，亦拨应用，或公事纷繁，即例船亦停，以应要差。二十年九月，小差船坏裁。又工程处小差船一号，于十九年秋因节费亦裁。

铸铁处。光绪十五年开设试铸，因耗，就停止。十八年夏复开办两厂，设八炉，用费薪工归盈余项下动支，嗣所余不敷开销，十九年十一月归匠首林大厦包办，派员监铸。

三、现办应陈事宜

一、制船经费原由闽海关每月拨银五万两，计自同治五年十二月起至光绪元年八月止均照解，元年九月至十二月欠解二十万两，经沈前宪亲专设法饬拨，户部议后自二年始在闽海关六成洋税月拨三万两，四成洋税月拨二万两，其四成项下均按年解清，内唯十年因法事停工，准将军咨京饷难缓，挪解十四万两。六成项下，二年七月起、三年九月起未解，其四、五、六、七等年均自七月起未解，八年解二个月，九年解一个月，十年十一个月未解，十二年解二个月，十三、四年解四个月，十五至十八年均解二个月，十九年解一个月一万两，二十年、二十一年未解，欠银五百五十七万两，二十二年截七月止均未解。又四成项下，二十年欠五个月，二十一年欠六个月，二十二年解三个月。总共欠五百九十九万两。

一、大小船及水师营薪粮、公费、出洋生赡养。同治八年起向税厘所解洋药税支给各口轮船经费，十三年四月起归台防项下支收，光绪元年十二月经将轮船经费归地方官筹支，由局解出衙门备给，每年约解十万两左右，不敷则就制船项下挪拨。九年解五万两，十年解一万五千两，十一年解六万两，十二年后无拨解，惟饬将厂造省下用之"琛航""艺新""靖远"各船及水师营薪费，按月赴省支领，余仍船政垫拨。

一、学生出洋经费，一届二十余万两，二届十万两，三届年限约需三十万零九百两，均经奏明闽海关解四分之一，税厘局解四分之二，船政解四分之一。缘税厘减收，只解十二万四千五百两，复在南北洋海防费划拨三万两交由衙门汇兑出洋监督收储备用，惟各生赡银仍由本衙门支给，在养船项下开销。

一、本厂轮船领煤，归养船经费支销，因征解不敷，向由船政另垫核拨，饬省局分别收支。嗣因养船费久停，十五年起各船领煤按季核数行局解还。至各处借船遣用、动用煤炭及派驻各口轮船借煤，均核明价，咨行解还。

一、本衙门销案开单请销，九年起遵部新章，分别选具细册，随来咨询。光绪十九年底止，均已来咨询。

一、遵部新章，凡遇添修工料、银数均应事前来咨立案，方准核销。

一、官道之大小店屋一百五十余间房，由什款动支起盖，所有店屋及官界挑摊地租月收九万两，以供天后宫香灯并各什之用。

一、兵部新章，各军勇夫有无截旷，逐一注明，以凭销算。经张前宪核，本署健丁九百名，向来实用实报，并无截旷名目，与部章不合。饬该营九年八月起，将丁健口粮照旧支领，仍选具实用收支清册，凡告假停工向归截旷缴支，应专案存库，旋以备为办理报销经费。

一、准户部咨议开源节流款内，非常例支销款项，均应照明年每两扣四分存报候拨，自光绪十五年三月报遵部章，无论发给银钱一律核扣，惟采买揽选料工照给不扣。

一、报销从前无解部银两，自光绪九年起，照章准销，一万两提取银十两。

一、厂中所出木屑原听任挑取，十五年十二月起禁所有木屑挑取，随时收卖，价值缴交支应处，归什款存储。

一、各厂炉下煤渣最多者为拉铁厂，向令过筛，将铁碎缴还，其渣年约千余担，每年可卖数百千文，归什款存储。

一、各厂存积铁屑或留用、或发售。铁屑分打、铸，价分别高低，有时掺和发售，打铁五百余文，铸铁千余文，所卖之钱归什款存储。

一、厂中废料，如牛皮碎皮粉、废残索、锯柴粉、铅铁碎、洋油箱、洋铁碎、玻璃屑、废水等，择其实在无用，招商定期打卖，价高得去，所售之钱，归什款存储。

一、船政大臣月薪六百两，除扣四分外，实支五百七十六两。部咨内设专员准支薪水，兼差者自应停止，自张大臣起停支。

四、募洋师、委员弁、招考生徒匠丁章程

一、洋师聘自外国，先咨出使大臣，照商该国海部选募，约明年限、月薪、来往路费、贴薪，订立合同，由使臣垫给盘费前来，限满回国。如欲留工，先期两月再订合同。

一、员绅无定额，毋论官职之崇卑，悉按才技之优绌，月薪十余两至五十两不等。各厂人数，视工繁简，随时增裁差务，出力者不时加薪。

一、书吏无额，并不相承，取衬选充多系读书而未成名者，辛资以外别无出，且取人不能过广，月辛五、六两至十数两不定，亦较才技优绌，勤者不时增加，惰者随时扣革。

一、差弁无额，多由亲兵及匠、丁、什长拔升即派，在厂巡视，听监工员绅差遣，月薪数两至十余不等。

一、各厂监工由前学堂、绘事院艺成学生暨出洋艺成艺徒调充，会同员绅办理，月薪分别生、徒及已、未出洋保举文武职而定。

一、前后学堂、绘事院各生，延英法教习，招收年十三至十七、八岁子弟，试以起讲或论，挑文理稍顺、年岁相符、资质纯厚者再行复试，录者榜示入堂，量才分派前后学堂，稍逊者入管轮、绘事院。取父兄具结存案，三个月甄别一次。连考优等，加给赡银，另有奖赏；劣者退去，永无充复。才堪学习者，亦不准自行请退。底下定章程，初入学堂只给伙食，三、四个月后甄别实可留堂，方准起支赡银，仍按优劣或全支，或仍给伙食。每届年节甄别一次，分别赏罚榜示。其教习有由旧班学成学生派充，

分班任教，每班十余人，惟遇新考入堂，其新班则有二、三十人，陆续升黜，亦只有十余人。另派汉文教习，以员绅充之，每月定期讲解圣谕、孝经以及史鉴、古文，亦命题作课。各生除年节例假外，不准请假。惟星房虚昂日期歇学，许出堂外跺荡、游览。每学堂派员绅二、三人监督料理，并支发赡银、伙食、什费，按月造册请支。十六年二月，费绌，将医、养、什费裁。

一、驾驶学生遇练习操演时，每人月加赡银一两、清晨粥一餐，如派拨上船出洋练习，只酌加赡银，至在船伙食，每人月折银四两，由船备办。另月费二千文。各生应需号衣、裤、帽、毡等件，由衙门按名制给。

一、制造学生在堂四、五年，课毕分派入厂习测算机器各图，定点钟入厂，习捶打、钻磨手技，藉广见闻，以证所学，不加赡银。

一、出洋生徒选前后学堂头班出色学生，兼选厂技优之艺徒，分赴英、法、德各国，由出洋华、洋监督酌派各国官厂、官学肄习。制造者习造船选料、制机器、习枪弹、水雷、军械并各种矿学、化学、筑城、填桥道、沟渠。驾驶者习天文、测算、汽机诀窍、操演、行兵、打仗、阵法。年限一、二届三年，三届六年。

一、艺徒招十四、五岁至十八、九岁稍有膂力、悟性、略识字者准充，量才分派各厂学习，兼读洋书，习算法。从前初入圃者十五日只给饭钱百文，堪留厂者每日辛二百文，不时甄别等第，加辛酌赏，技优者拔升作匠或充匠首，并备出洋学习。学习四年，则派充监工。底下定章，初入圃艺徒自备资斧，数月后由厂察看参报，堪以学习者，初给百文，学有进境，酌量加之。请假辛工照扣，停工日在圃者给饭钱，听监督管束，与工匠一律分棚住宿，伙夫执爨，按号赴工，其兼读夜课者，夏、冬考校两次，夏考优者赏，劣者罚。冬考优者加辛，劣者降辛。

一、宁、粤、厦工匠初开工时，由各处招募，技优熟手之人，辛工由外约定，每名日给二、三元及三、四角不等。福州工匠则就地招考手艺之熟悉者选充，仍验年、籍，取保定册，初入者二、三百文，技艺果优，递加至七、八百文，升为匠首。停工之日，惟福州工匠在棚未假者，每名给饭钱百文，其余按工给辛。受伤在棚者或即以辛工按日发给，重者或只给医药。十人给伙夫一名，月辛三千文，以资看棚执爨。每所派员绅一、二人驻所钤束。

一、健丁人数增减，视工程之缓急、繁简，千余名至四、五百名不定，就地招考，试其武石合式准充，验年貌、籍贯，取保定册，每工二百文，二十名给伙夫一名，月辛三千文。在工年久，习知看车及能帮打造者，随时递加辛钱，改充工匠。现伙夫改由健丁自雇，每名健丁按日提辛工外，加钱五文。

一、匠徒、健丁出差工作，照日给予双工，来回如有船价，亦由官给。

一、宁、粤及本地匠首，在工已久，携眷实在附近中岐乡间居住者，夜准回家。

一、未入棚之锯匠、捻匠、钻匠、皮匠、漆匠所用无多，工又非常有，随时雇募，听其自行租屋居住，早、午赴工，由船厂点名管理，按期辛钱亦归船厂开报领给，月终造册送核。

一、泥水匠时有工作，人数无定，石匠则或有或无，随时雇募，由版筑所管理，辛钱亦由厂员领给，月终造报。

一、砖灰匠亦有住宿厂中，辛钱由厂员领给，嗣并西考照章领给造报。

一、在事殁者恤银。员绅、差弁、书吏视在工久暂，照月薪给三月、五月不等。生徒、班役、勇丁、工匠殁者分别等次给恤，惟宁、粤匠尚有加给运柩路费，如各项人役殁于工者或格外加恤，或出赏殡殓费百两。

一、长夫系在广储所运送厂煤及收发料件，由该所选雇，额设四、五十名，住宿该所，月粮三两三钱，年久出力者加至六钱，设长夫长一名，钤束并供差使，月粮六两四钱，什长五名，月粮四两二钱，由该所领给造报。此项长夫终岁动劬毫无休息，较其他丁夫殊觉偏苦，准于六十日内，量予假期三日，不扣辛资。

一、排夫。储材所看守木料及收放木排驶运厂用，每名日给二百六十文，排夫长一名钤束，日给三百二十文，按旬由该所领给造报。

一、匠徒、健丁、伙夫仿楚军伙勇例，匠徒每棚住十人，伙夫一名；健丁每棚二十人，伙夫一名，每日给工食百文。嗣健丁之伙夫工食因无按棚照配，恐日久生弊，光绪三年因饬照人按工分给，令其归帮自雇，厂堂一律办理，每日辛钱之外不计全工，均加伙五文，告假者不给。

一、各厂所均有按日报单考工数簿，属收发料件随时照账填给发单，月终分款造册，需人料理，酌设核算清账，一月支工伙银归署中发给，勤惰升降责成厂绅稽考。

一、宁、粤、厦工匠裁撤，准另给辛一个月。宁、粤工匠路费每名十四元，厦工匠则距省较近，只给四元。

五、考核勤惰、勾稽厂务章程

一、员绅、教习、监工、书吏、差弁每月大建假六天，小建五天，设考勤簿亲自盖戳，逾者按日扣薪以给少假者，月终由提调、总稽查考核。所有完娶假十日，借薪一个月；入学中举假十日；岁科考假三日，如需复试及考优拔，准展数目；乡试假五十日，借薪一个月；会试假三个月，如需复试者，展假二十日，借薪二个月；父母忧百日，借薪三个月；祖父母丧六十日，借薪二个月；期服二十日，借薪一个月；功服五日；葬亲二十日，借薪一个月；葬期服亲十日。逾者照扣，或情有可原，据实条陈，查明无扣。

一、厂工夏五点开工，十一点放工，午后二点开工，六点半歇工；冬六点半开工，十一点放工，午后十二点开工，五点歇工，其余酌改。当春秋二分之际，日可作工五时，间遇工急，则作夜工，自黄昏至九点或十点，加给半工；至十二点，加给全工；达旦二工。

一、厂工逢星房虚昂例歇，藉以磨擦机器，查核料件，工急则不歇，年节停工日期亦按工程缓急酌定，年终责成厂员将料件清厘后方准假归，照章安排员弁四名驻坞，稽查周而复始。

一、坞墙内夜派各厂差弁六名，分上下准轮查。拉铁厂距各厂稍远，派该厂差弁专照。黎宪任内，该厂仍归差弁专巡，船坞改派健营弁勇巡查。

一、各厂设凭双、单日报簿，逐日各徒、匠、丁所作各项，按名下录称某人作某工、制某器几成。东西考、艺圃、健丁营亦将逐日赴工匠、徒、丁名数竖载，就晚送提调处、稽查处考查。

六、采办料件、支给辛工、收发银钱章程

一、采办中外物件所有厘税，经沈大臣于同治十二年正月来免外洋物件由外国船运到者洋关免税，有刊三连单资请将军衙门饬税务司于钤缝及年月上盖印、画押，将左幅原根截存船政，交文案处，货到时填明件数掣发，由船政水师营持单向洋华验明，以凭起交运厂。

一、厂需内地料件，由储材所派弁购运，应免厘税，颁定免税单预印空白，存文案处，遇购便时，承办之人开明采单并该行发单，呈请填给免税单起运，希候任内几采办杉木填给免单外，车谕随时办文咨关验放准

复，嗣照办理，俾有稽核。

一、铁一向由商办，煤由官船赴沪购运，不足则招商认办，先由煤铁商投单呈样验明，同用约价取保，将认办数日限期具结存案。煤炭护照一向准先给空白，因船有大小，不能限定担数，该商每装满船，将担数填入照内，以备关口检验。铁斤护照则将斤数预填，或百担一道，或五十担一道，该商领运经过关卡，填明月日加盖验戳。煤铁运到将照缴销、盘清，文案按广储所收数等核明有无逾限罚扣，咨给批准支应所请日数，面付商领。煤船盘清，须给回其护照出口，现在不给护照。赴台运煤或商船装运台煤到港，请清则给免验单，进口验收。

一、船政所需外洋料件由上海义昌、香港容记两洋行采办，不给薪费，两处价值互有低昂，各厂请办时，文案先函达采办者探实时价，比较孰廉，即向采购。倘为数量多，先验两处价，孰廉嘱办。

一、采办铜铁料件归广储所验收，外洋图书、纸笔归绘事院验收，木料归储材所验收，清后将斤数、尺寸填明收单，送文案核，与商人领状及承办者账单相符，挐请给价，支应于收单上盖支讫戳，归案备查，单根留各该所存案。采办小件，价在七两下、价在十千下，由支应核给免挐。

一、各厂所管发出料件，将件数、斤重、尺寸填单随件发往某厂，厂点收入数，随盖收讫戳，仍将发单交还原厂，按季汇齐，随册送署核对，单根留厂。各厂月间动用、收发工料，按季具册申送报销，所督书核对不符，签驳更正，其收发厂机器家伙年底统报。十六年起，改半年造报。

一、厂工某项，匠、徒、丁作某工，逐日开单送工程处，每旬由工程处、各厂将制成料件点明填单注清，月终汇总送提调备核，总稽查、各厂又另送一份备核。

一、厂工设考工册，每日早、午赴工，由住宿之东西考、艺圃员绅处领执腰牌进厂，复由各厂员绅逐名点进，遇有患病者告假，先由考工、艺圃员绅与各厂员绅互相知会于考工册内某日下盖患病告假戳。每届一旬，各厂员绅按册核明某人在工几日，应出名干，就册结明数目，按名书填工票，给向东西考、艺圃照支，票根留厂备查。其东西考、艺圃亦先期结明某厂匠徒若干与厂核对相符，核结总数，填入领票，该所员绅亲向支应领出，凭工票留堂支钱，即将工票盖销字戳，月终造册具文申送工票附缴，并饬取各匠徒领状存案。学堂、健丁营同册亦然。

一、各厂工数每季另造四柱清册申送，先于工程日报单后，按日总结匠、徒、丁各若干工，按一季汇核某月共收匠、徒、丁各若干工，填入新收项下所收工数，应与给辛银钱册数目相符。该册缴送后，发由报销所督率书吏核对。

一、支发银数各款按半月由支应处开列四柱简明报单两份呈送提调，内一份转呈钦宪。月终汇造四柱清册，检附各厂、所，注清艺圃、健丁营等处细册，呈送核阅后，发报销所备造销案，报单不发。

一、支应处收款，传慎余钱铺铺友到署，限同各处押解来人核对，一一验明银色。又共同过秤，每秤百两交钱库，由弁包封钤盖慎余戳记，复按包过秤，每千两装钉一箱，支应委员验收。送发款时，除尾数钱平外，余概收原色亲付。承领收发钱款，概用大钱，以银向慎余钱铺易钱，照南台时价，惟省市大钱缺乏，该铺到省购买为难，加之离省数十里，盘运糜费，因议每两银换钱准照时价减数文，至多四十文为限。十九年九月起，所有发给匠丁辛钱，议改搭用角番。二十二年将军裕任内，准每角以一百文发给。

后学堂管轮教习合约^{〔1〕}

某人现奉船政衙门准募在工，应换立合约，各款列后。

计开：

一、某人系募在福州船政为管轮学堂教习，该教习应尽心教导在堂生徒并各管车，无论在船在岸，均应教以管轮理法，兼教手艺。以外凡属管轮本分应晓之事，亦无论在船在岸，衙门或派其兼办，某人即应遵照，不得请加月薪。

二、某人系于光绪某年某月某日到工，截止某年某月某日止，以几年为限。限内倘逢难料之事，须行停工，致中国大宪应撤其回国，则给予四个月贴薪并回费。若系某人教导不力、或办理不善、或擅打中国生徒人等被撤者，则只给回费，不给两月贴薪。

三、某人在工立限几年，限内应尽心认真教导各生徒，凡事宜勤慎守分，除应授课程并衙门谕办各事外，不得干预别项事宜，及不行告明于船政之外暗揽他事。

---

〔1〕录自《海防档·乙》福州船厂（下），（台湾）"中央研究院"近代史研究所1957年版，第929-930页。

四、某人应受船政大臣节制，并应听稽查学堂委员之谕，以外不准私自越躐干谒中国官长。

五、某人薪银月给洋平二百两，自抵工之日起，按西历月分支领。其由外国起行之日，即另发一个月薪银，贴为安家行装之用。

六、船政衙门应给予某人住屋，有病时给予医生，在办公所公费项下动支。

七、某人由英至闽来费归由船政发给，其回费应由办公所照数报领转给，以后如无办公所，衙门照洋平番银三百七十八两给领。

八、如几年限内某人或因病卸回，或为本国召回，船政只给回费。倘系自己有事回国，须先四个月禀明衙门，以便募人接代。

九、几年限满，如衙门不留某人，则给予贴薪二个月并回费。若再留教导，其贴薪、回费应俟遣散之日支领。

十、某人既到福州船政，衙门另与换立合约，发交该教习收执为凭。某人既得新立合约，旧合约即为废纸。

光绪某年某月某日立合约

船政衙门　　　画押

管船［轮］教习某人　　画押

前学堂教习迈达合同〔1〕

前学堂教习迈达现奉船政衙门准募在工,应立合约,各款列后。

计开:

一、迈达系募在船政前学堂充为教习,迈达素性耐劳,派教新班各艺童,兼授化学理法,除堂课外,遇有迈达素谙之事,衙门若令其兼办,迈达即应遵照,不得另请加薪。

二、迈达应受船政大臣约束,并应听从稽查学堂委员之谕。现前学堂已延教导代微积等项算学兼谙制造之监工教习一人,嗣后堂内生童凡所应习各学,两教习应分别各尽本分传授无遗,一切功课遇有两教习交涉之处,均应先事筹商,和衷办理。

三、迈达应自光绪四年正月十九抵工之日起,截至六年十二月 日止,以三年为限,限内倘逢难料之事须停学堂,中国大宪将迈达卸回,则给予四个月贴薪并回费。若限内因教导不力,行为不善,或擅打生童等请被撤者,船政只给回费,不给两月贴薪。

---

〔1〕录自《海防档·乙》福州船厂(下),(台湾)"中央研究院"近代史研究所1957年版,第1000—1003页。

四、迈达应于三年限内将所知所能尽心教导各生童，该教习须不负初心，到底无懈，至船政以外事务或他事可以托付者，候船政大臣颁谕后，即应尽力兼办，舍此不得私自包揽别事，并干涉于船政之外者。

五、迈达如有应禀之事，须先送稽查学堂委员察阅，代呈衙门。除学堂委员素有交接外，不准私自越蹿干谒中国官长。

六、迈达薪银月定洋平番银二百两，自抵工之日起，按西历月份支领。立合同之日，另给借薪一个月，为其安家行装之费。

七、船政衙门应给予迈达住屋，有病时给予医生，在办公所公费项下动支。

八、迈达由法至闽来费，发由办公所转给。其回费应由办公所照数报明领给，以后如无办公所，衙门照洋平番银三百七十八两给领。

九、如三年限内迈达抱病，经洋医验明，必须回国方服水土，船政只给回费，不给贴薪，若自己有事辞回，应先四个月禀明衙门，以便募人接代。

十、三年限满时，中国不留迈达，则给予贴薪二个月并回费。如再留教导，其贴薪回费应俟遣散之日给领。

十一、迈达重来工次，衙门应与新立合约所列各款，该教习已自领遵从，兹照抄汉洋字合约两份，一留衙门存案，一发迈达收执为凭。迈达既得新合约，旧合约及一切函信即为废纸。

光绪四年正月　日立合约

船政衙门

前学堂教习迈达

正教习迈达现留在工，应增合约列后：

光绪七年正月二十二日，前学堂正教习迈达在工三年，扣至是日限满。兹奉宪谕再留学堂一年，照西历月数计算，仍充学堂正教习，兼理办公所管帐文案事务，从七年正月二十三日起，按月支领洋平番银二百五十两。迈教习须加意阐授各学生各项深奥算学，如代数、微积等等，其应约各款悉照旧合同办理，无庸赘叙，倘限内遇有紧要事务，或患重病，须回法国，其所限应得两月贴薪及回费仍准照给。今既约明，合行标注，各再画押为凭。

> 光绪七年正月二十三日
> 船政衙门
> 一千八百八十一年二月二十一日
> 正教习迈达

正教习迈达再留在工，应增合约列后：

正教习迈达约限奉宪谕再增留两年，自光绪八年正月初三日起（西历一千八百八十二年二月二十日起），所有应约条款均照前约，惟迈达在此两年之内，应指授学生工课，照法国专科之大学堂一体，其应授课程款目理合列册附约存案。

> 光绪八年正月初三日
> 船政衙门
> 西历一千八百八十二年二月二十日
> 正教习迈达

正教习迈达再留工次，应增合约列后：

正教习迈达约限奉宪谕再增留一年，自光绪十年正月二十三日起（西历一千八百八十四年二月二十日起），按西历月数计算，每月学堂项下应给洋平番银二百五十两，办公项下应给番银五十元，以示优异。迈教习务须加意教授，冀收实效，所有应约条款均照前约，如限内遇有紧要事务或患重病，须回法国，应得之贴薪每月二百五十两两个月，仍照前议。其办公所项下五十元，不得支取。其回费亦照前议，不再加增。今既约明，合行标注，各再画押为凭。

光绪九年十月初一日

船政衙门

一千八百八十三年十一月初一日

正教习迈达

洋员续订合同简明约章
续光绪二十二年原合同^{〔1〕}

　　钦命福州将军兼管船政事务大臣崇、钦命会办船政大臣魏奉大清国国家之命，与大法国一等监工柏奥镗经其外务部、海部准同立约，大法国驻闽领事高乐待彼此相议如左：

　　第一条　订柏奥镗为船政总监工，四年为限，专管厂中制造职事，所有在厂华、法工匠受其调度。

　　第二条　凡总监工要雇洋匠及购办料件，须由船政大臣允准画押，方准照行，否均作废。惟雇洋匠、购料件，船政大臣须备款，应期拨还。

　　第三条　总监工柏奥镗如有疾病须回法国，不能视工，中国国家应与法国国家商订才干法监工一员，以充其缺。如柏奥镗有事告假离工，听其于在工各监工内择一人暂代，惟须由船政大臣允准者。

　　第四条　各洋员匠薪费每年限定二十七万佛郎，即每月二万二千五百佛郎，所有匀请各洋员匠数目，应照黏单办理，其应请之各洋员匠，该总监工应随时酌雇，其薪费每月不得逾二万二千五百佛郎之数。

―――――――――
〔1〕录自《海防档·乙》福州船厂（下），（台湾）"中央研究院"近代史研究所1957年版，第1068–1074页。

第五条　每月洋员匠薪费应在西历每月末日发给。

第六条　船政如有意外大工程，应行添雇洋员匠，准总监工斟酌禀请船政大臣允准。

第七条　黏单内所开洋员限应四年，所有厂首、匠首先以三年为限，以到工之日为始，三年限满，总监工可与船政大臣禀商，将其不须留工之厂首、匠首撤回，其可用者多留一年，惟须于四个月之前通知，所撤之人不必另给赔偿之费。四年之内各洋员每月得薪在二千佛郎之上者，往返日数在内，准与告假六个月，假内给薪三分之二，惟可否给假，须由总监工一人酌定。

第八条　年限于到工之日为始，所雇洋员匠极迟应于西历一千九百零四年正月初一日以前到工。

第九条　所雇洋员匠路费应由总监工转发，凡每年得薪在二万佛郎之上者，应发给路费二千六百佛郎，每年得薪在一万至二万佛郎者，应发给路费一千八百佛郎，每年得薪在一万佛郎之下者，应发给路费一千三百佛郎。新雇之洋员匠于雇定画押之日，即另借薪工一个月，将来限满无过失者，此项薪工免其扣缴，如限内回国及犯事撤退者，均将此项一月薪工扣缴，惟因病离工者不在此例。年限满时如船政大臣不欲续限，该洋员匠每人应得二个月薪水，其回费照来工路费发给，各洋员匠于限内如欲回国者，应于四个月之前请示，以便总监工另雇他人代理，不得援例发给二个月船政大臣酬赏以及回费，惟经本厂医生验系因病回国者，不在此例。设各洋员匠限满回国者，或系患病者，则总监工可以转请船政大臣酬赏该员，多寡不拘，系随船政大臣之便。

第十条　每年得薪二万佛郎以上者，应给五间住屋。每年得薪一万至二万佛郎者，应给四间住屋。每年得薪一万佛郎以下者，应给三间住屋。

第十一条　该洋员匠在厂工作受伤，过四日不能来工者，总监工酌量其伤之轻重，给与养病之费，惟不得过二个月薪水之数。如因工作受伤变成偏废，必须返国者，应酌给六个月至十个月之薪水。如工作受伤变成全废或致死者，给予一年之薪水。

第十二条　惟总监工或代理总监工与中国官长往来，各洋员中惟经总监工允充教习者，其章程载在第十五条，不在此例。所有洋员匠，该总监工均得派充各堂院教习，各洋员匠不准揽造厂外私工。凡洋员匠在厂不听总监工约束，或行为不善，或懒惰，或打骂厂中华员匠，该总监工得以撤退。凡因以上情节撤退者，不得发给二个月薪水，其来华之日所借一个月薪水，应令扣缴。

第十三条　四年限内，或因中国战事，船政不得已停工，并须撤退洋员，每员应得偿费二个月薪水之数并其路费，惟须于一月之前知会。

第十四条　四年限内，或因要紧事件致中国国家不得已将船政停工，每员应得偿费四个月薪水之数并其路费，惟须于一月之前知会。

第十五条　法教习迈达亦系四年为限，其章程照光绪二十二年九月初五日所立合同办理，外添订法文并格致教习一员，以为帮教，该员应听迈达调度。该总监工所辖各堂，允聘英人洋教习一员，惟须由该总监工认可者，该英员须约明随时代写英文书信。所有各堂院，船政大臣得以直接管理。驾驶学堂若有整顿，照前次合同第二条并十二条延请法员办理。

第十六条　法国外部派有头等水师医官威德海驻扎福州地方，船政兼雇该医调治在工人员，每年津贴薪水八千佛郎，该员嗣后仍驻福州，每礼拜至少到工巡视一次，来工时可以请派船政小机船应用，凡福州及工次所有中国官员请其调治，概行免给资费。遇有时疫之际，如须释种治疫各药，该医亦须照办。凡中国官员咨询卫生之事，该医均应勉力施为。

第十七条　此项合同法、华文工缮三份，他日如有辩驳之事，以法文为主。

光绪二十九年八月二十八日

即西历一千九百三年十月十八日

在福州定立合同法文、汉文各三纸，共成六纸，照录一式。

盖印画押。

大清钦命福州将军兼管船政事务大臣崇

大清钦命会办船政大臣魏

大法国一等监工柏奥锃

大法国驻扎福州领事官高乐侍

新订合同洋员匠薪费单

计开：

总监工柏奥锃一员，全年薪四万佛郎。（年限四年）

副监工一员，全年薪二万四千佛郎。（新订年限四年）

账目书记一员，全年薪一万二千佛郎。（新订年限四年）

正教习迈达一员，全年薪二万四千佛郎。（年限四年）

帮教习一员，全年薪一万佛郎。（新订年限四年）

绘事院监工萨巴铁一员，全年薪一万一千佛郎。（年限三年）

船身厂首一员，全年薪一万二千佛郎。（新订年限三年）

又泰贝一员，全年薪一万二千佛郎。（年限三年）

又匠首一员，全年薪九千佛郎。（新订年限三年）

轮机厂首扈挨一员，全年薪一万二千佛郎。（年限三年）

合拢厂首一员，全年薪一万二千佛郎。（新订年限三年）

匠首麦吕挨一员，全年薪六千佛郎。（年限三年）

匠首韦海一员，全年薪六千佛郎。（年限三年）

医生威德海一员，全年薪八千佛郎。（年限四年）

全年公费三万佛郎。

以上共计全年各洋员匠薪费二十二万八千佛郎。

此约中议定全年各洋员匠薪费应二十七万佛郎，除以上所开二十二万八千佛郎，尚余四万二千佛郎，此项俟法领事奉到法公使复函，商酌划定。

船政轮船水师制度

　　船政创设开始，首任总理船政大臣沈葆桢考虑为蒸汽动力军舰预先储备兵员，于1867年设立了名为船政水师营的单位，招募水勇进行操练。1870年，经两江总督曾国藩奏请，清政府要求船政与江南机器制造总局以自造的蒸汽动力军舰为基础，各自编练一支近代化舰队，分别称为轮船和江南轮船。由此，船政的机能在制造和教育之外，又新增了海军舰队的内容。

　　根据清政府要求订定部队章程的谕令，船政由"万年清"管带贝锦泉、船政委员黄维煊具体拟制，参考西方海军制度，结合中国实际，编成《轮船出洋训练章程》《轮船营规》，在1871年4月10日获得清廷批准施行，成为船政轮船，乃至中国近代海军第一套系统的军规文件。此文件不仅规范和指导了船政轮船的管理、操练，对江南轮船，乃至北洋舰队都产生了深远的影响。

轮船出洋训练章程十二条
营规三十二条[1]

二月二十三日，军机处交出福州将军文煜等奏称，奏为酌议轮船训练章程恭折会奏，仰祈圣鉴事。

窃臣英桂承准军机大臣字寄同治九年九月二十七日奉上谕：国家不惜数百万帑金创制轮船，原以筹备海防，期于缓急足恃，现在已成之船必须责成李成谋督率各员弁驾驶出洋，认真操演，技艺愈精，胆气愈壮，方足备御侮折冲之用。至所称拣调弁兵分配轮船常川训练之处，即著会议章程，迅速具奏等因，钦此。即经恭录咨会臣文煜等钦遵。

伏思轮船之设，创自泰西，利于巨洋而不利于内港，其驾驶之法既与长江师船迥异，亦与外海炮艇悬殊，自不能概执平日水师营制求之。近年以来，闽省先后购置轮船及厂中所造各船，虽经选募宁波、厦门、广东等处久于洋船熟悉风涛沙线、轮机汽学者分作船主、管轮、舵水等项，而一切规制未备，诚恐难垂久远，现蒙简派福建水师提督臣李成谋为轮船统领，并奉旨饬令会议章程，仰见朝廷绥靖海疆、讲求武备之至意，臣等因

---

[1] 录自：《海防档·乙》福州船厂（上），（台湾）"中央研究院"近代史研究所，1957年版，第281-284页。

查船政提调福建遇缺题奏道夏献纶才识兼优，于船政戎机素所谙习，又查有管带"万年清"轮船福建南澳左营游击贝锦泉、候补同知黄维煊或熟习沿海舆图、或通晓轮机汽学，兼明洋务，当饬夏献纶督同贝锦泉等悉心考究，酌议章程。

兹据夏献纶督同贝锦泉等议呈章程、营规，系仿照泰西各国兵船规则，参以中国水师营制，条分缕晰，挈要提纲，较为详备，适水师提督臣李成谋因公来省，臣等复与会商定见，并据夏献纶禀请具奏前来，谨将轮船出洋训练章程十二条胪列清单，恭呈御览。其营规三十二条咨呈总理各国事务衙门察照。臣等即当会同李成谋拣派员弁兵勇，分配各轮船，常川训练。惟事属创始，所有现议章程，将来行之有无窒碍，及此外未尽事宜，尚须随时采访。请试行二、三年后，参酌损益，再行奏明，著为定章。

除咨行查照外，是否有当？臣等会同一等恪靖伯陕甘总督臣左宗棠、福建水师提督臣李成谋合词恭折驰陈，伏乞皇太后、皇上圣鉴训示。

再，总理船政前江西巡抚臣沈葆桢因丁忧患病未出任事，是以未经会衔，合并陈明。

谨奏。

轮船出洋训练章程

一、分派统驾以专责成也。

查轮船之设，本应作为外洋水师，惟现在初议试行，一切营制未能遽定，而每船设一管驾官，势分相等，如在本省，尚可统领就近调度，若派赴浙江、广东，无所统率，势必有误事机，拟请两、三船或三、四船派一分统，除听候浙江、广东督抚节制外，仍应听福建统领节制，俾事有专属，调度亦可期灵便。

一、添拨弁兵以资练习也。

查闽省自议设船政以来，先后购置"长胜""华福宝""靖海"轮船三号，现又造成"万年清""湄云""福星""伏波"轮船四号，均系随时选募宁波、闽、粤等处熟悉轮船之人分拨驾驶，以后成船较易，需才更多，而堪作船主者颇难其选，因思闽、浙、粤东沿海水师中熟谙风涛、沙线者尚不乏人，不过于轮船一事多未讲求，拟请挑选水师弁兵之熟谙舵水者，大号轮船酌派四五十名，小号轮船酌派二三十名，均令在船练习，归管驾官统辖。除原额俸饷外，官则按照大小酌给薪水，兵则每日加给口粮银一钱，以示体恤，庶沿海水师亦可籍资整顿矣。

一、酌定保奖以示鼓励也。

查轮船管驾之要者，谓之船主，须谙悉全船之事。其司舱面事者，凡有九等，曰大副、二副、三副、队长、水手头目、舵工、水手、炮手、号令。司轮机事者，凡有七等，曰正管轮、三管轮、管油水气表、升火、烧煤。俱宜认真挑选，执事各有不同，如有各项缺出，应由管驾官按其等差递相考拔，其兵丁应与水手、炮手一体考校。查同治五年，前督部堂左于创议试造轮船折内曾奏明，无论弁兵各色人等，有讲习精通能为船主者，即给予武职千、把、都、守，由虚衔溇补实职，俾领水师。拟请嗣后有能作船主、大副、二副、队长、正副管轮者，先行由外量予五、六、七品军功顶戴，如驾驶一年无过即奏请以千总、把总、外委归水师拔补，倘能巡洋捕盗，著有劳绩，再另行保奖。庶才拔之士争以登进为荣，而束以营规更可齐其心志，数年之后，水师人才不可胜用矣。

一、常川巡哨以期联络也。

查外洋轮船分泊各口者，俱时赴洋面巡历，并不专驻一处。现在闽厂所造轮船除拨福、川、厦门、台湾等处巡哨外，将来未成船较多，拟分拨浙江、粤东洋面巡缉。中国水师营制本有定期会哨章程，轮船来往迅速，如何会哨之处，应由统领大员酌定。其分泊各口者，亦应按季互相更调，俾各处洋面皆能以时周历，所获盗贼即就近解交地方官衙门审讯，庶海洋可期永靖矣。

一、定期操阅以明黜陟也。

查轮船差旋到口，应准停息三日，将舱面洗刷、轮机擦净、一切修整完备，第四日开操，或操篷桅、或操枪炮、或操救火、或操舢板、或操登岸，俱由管驾官临期牌示。操练三日，第七日仍出洋，如遇紧要差事，则不必拘定停息操练日期。其在口内操演炮位，仅能虚作阵式，若放铅弹，必须于海外荒岛试之，远近方有准的，按月演放一次，而炮手之优劣即于此考校。每年春间，仍由统领将各轮船调齐合操一次，冬间由本部堂、将军、部院分轮会同船政大臣阅视一次，以校技艺而定赏罚。

一、合队操练以求精熟也。

查轮船操式不一，如操篷桅、舢板，系水手之事，而炮手、兵丁应随同练习。如操枪炮、救火、登岸，系炮手、兵丁之事，而水手应随同练习。彼此兼练，则技艺可以精。若遇登岸追捕盗贼，尤系兵丁专责，应先派拨，如果不敷，再将在船人等量为添派，务使船只有人看顾，不为敌势所乘。

一、随时整顿以备不虞也。

查轮船每日均有操练，系由大副等督率料理，管驾官应于每旬亲自合操一次，以察验器械、枪炮是否整齐，各式阵法是否精熟，并于夤夜或风雨之时突发号令，各色人等俱应站齐听候指示，而每日执事点名炊爨，亦按一定时刻，庶习久相安，不致疏忽怠惰。

一、广搜舆图以加考证也。

查轮船行驶全凭测量度数、山水、沙礁，设有错误，关系匪轻，是以洋船周行无所忌，前经游击贝锦泉、同知黄维煊绘具中国江海全图参定考正，呈由前任三口通商大臣崇转送贵衙门备考。兹轮船新出日多，亟宜照绘此种洋图，分给各轮船，遇有出洋之时，各令将山水、沙礁逐一签、注、对，以资考据，庶后来舆图可以愈出愈精，而驾驶亦更有把握。

一、颁定旗式以归一律也。

查轮船往来海上，周历各口，近瞩遥瞻，胥凭旗号，现在官制轮船升用旗号自应一色，以分中外，拟请嗣后概照贵衙门颁发黄色绘龙旗样。其在海洋相遇，或值打仗，外国多以举旗为号，亦应仿照办理，预作旗式，颁给各船，届时得以辨别。

一、实发口粮以杜虚冒也。

查轮船每月薪粮甚巨，应照营制由管驾官造具花名银数清册请领，按名包封散给，其有事故汰革者，应将何日开除、何日募补于册内逐一声明，将应领薪粮扣除。其公费本为进出口引水及油漆、篷索等项之需，用过若干，月终亦应据实开报核销。

一、稽核煤觔以省浮费也。

查轮船用费以煤炭为一大宗，凡奉差何处、进口升火、行走时刻、以及每次用煤若干、有无在口添买，差旋俱宜申报。其自出口起，每日行过若干里、昼夜有无行驶、其在洋停泊之时是否因雨、雾、风、台，亦宜开单报明，以备查核。

一、分别修理以昭核实也。

查轮船往来海道，驾驶固难，而风涛险阻，意料尤有难及，凡奉差远出遇有急须修整之时，或在外洋、或在别口，不及通报本管统领及船政衙门者，应听管驾官主裁，就近收口购料，赶紧补行通报。至岁修年限，轮船与管船不同，不能拘以定例，船有大小优劣不等，差使亦多寡远近不定，油刷向章一月一次，其余篷索杠具以及轮机褓件须随时修配调换，至船身以及轮机大件如有损坏，报明听候委员勘验修理。

轮船营规

一、每船设管驾官一员，即外国谓之船主，总理船上各事，凡行驶停泊均须听其主裁，以专责成。

一、每船设大副、二副、三副三名，系帮同管驾官管理船上各事。

一、每船设队长一名，系专司船上一应杂务，并带队操练诸事。

一、每船设正水手头目一名、副水手头目一名，专督水手作事操练，其水手应分上、中、下三等，视轮船大小酌配名数，兼操枪炮。

一、每船设舵工或八名或六名，专管行船、看盘、测量沙水深浅，并每日督率水手操习事宜。

一、每船设正炮手一名、副炮手一名，专管演炮、押队，其兼习枪炮之水手亦归该炮手管束、教练。

一、每船设号令手三名，专管号令事宜。

一、每大船酌派弁兵四五十名，小船酌派弁兵二三十名，俱随同炮手、水手操练各项技艺并船内一切应做事宜，其兵丁即归所派之武弁管辖，仍听管驾官、大副、队长节制差遣。

一、每船设正管轮一名、副管轮一名、三管轮一名，专管轮机行驶及看水气、火力、行走缓速，仍应听管驾官号令。

一、每船轮机设管油二名或三名，专司行船添油、擦磨事宜。

一、每船设管水气表二三名，专司行船看视水气清浊、冷热多少。

一、每船设升火烧煤人等，专管火力多少，应视轮船大小酌定名数。

一、每船设木匠一二名，专司随时修船事务。

一、每船设医生一名。

一、每船设天文生一名，应俟学堂艺童精习，再分配上船。

一、以上所定执事人数俱就常时而言，若遇临阵，尚须添配炮兵，可按炮位大小酌量配拨。

一、每日准定寅刻即起，水手先洗擦船面；辰刻初升旗，众水手洗面、归整铺盖摆列船边，方吃早饭；辰正，听号上桅整理绳、档、篷具；巳初，穿号衣听点，俟点名毕，候示操练至午初歇；午正吃中饭，饭后仍各做各工，不准乱走；酉正，将篷档放下，随将铺盖安置卧处；戌初，又由大副、二副查齐人数，点名一次。每夜应点桅灯、路灯、更灯、舱灯之外，其余房舱灯火均于亥正止息，灶火戌刻即息，并由大副亲赴各处查过。

一、船上舢板每日于巳刻下水一次，以免燥烈，其余动用器具，用毕均须各归原位，以防散失。

一、每日船上舱炮军械均须洗擦一次，其铅弹亦应备齐，不准疏忽。

一、每日由管驾官挑选二人，各执洋枪，分赴舱面前后轮流巡察照料，昼夜换班，俾均劳逸，不准坐望。

一、船中人数众多，非分队派管易滋嘈杂，每十人为一棚，各归各头目约束。如有正务上岸，须通知头目，回明管带官或大副准假，方准上岸，每棚每日仍不得过两人，以示限制。

一、每日操练均系由大副等督率分操各项，管驾官应于每十日内定期传集合操一次，察验器械、枪炮是否整齐，各式阵法是否精熟，以别勤惰而定升降，其应赏应罚者，管驾官俱应牌示，俾众知悉。

一、管驾官于定期操练外，有随时传令站队之日，内中头目或领十二人、或领二十四人作为一队，均须照式披执，各按方位站立，操练足步。

一、站队之前一日应押队上岸陆操一次。

一、每月或遇黉夜、或遇风雨，管驾官突发号令，各色人等俱应站齐，听候指示。

一、船上号衣、号帽宜遵中国服色，号帽夏用籐壳，冬用毡帽，号衣照管[官]制用红色镶边，改制小袖，前后圆补，某船即书某船水师字样，号裤亦用窄脚，取其升桅、下舱便捷。

一、招募各色人等，均须取具保结投充，由管驾官考验，方准留补，按月于造送册内声明。除犯事斥革外，均不得任意去留。

一、船中大副、二副、队长、正副管轮执事较重，虽经管驾官随时招募，遇有更换应专文报明。

一、轮船遇有上槽修理之时，凡船上执事人等不得闲散，仍宜帮同整理。水手应责令磨刮舱面以及船上应行洗磨之处，并帮同木匠兼做杂工。管轮人等应将全副轮机逐件拆磨刮洗，帮同铁匠工作。迨修竣下水，并须令水手兼司油漆船身内外及整理篷桅绳索。

一、船内无论何人不准吃食洋烟以及酗酒、赌博，如敢犯违，由管驾官严行惩办。其官舱及各舱下，内有储放火药，尤不可吃烟，以免疏虞。

一、现在驾驶俱系兵船，只能运载军装、官物，其各项货物概不准夹带，如有夹带者，查出入官究办。

一、公费一项，每月动用多寡不等，无庸限以定额，动用若干应据实开报，其看操赏号即在公费内动支。

船政教育规章

　　船政从开办之始就重视教育育人，采用西法培育海军和舰船工程技术人才，最初设立求是堂艺局，后改为前、后学堂，又附设艺圃。《艺局章程》是船政教育创始时，求是堂艺局的制度，是有关船政教育的第一部制度。"沈葆桢致周开锡酌议学堂章程函"是沈葆桢在守制、尚未正式到任船政期间，因接到日意格等拟定的船政学堂章程新规，经与左宗棠最初拟定的《艺局章程》进行对比后，向正代理主管船政事务的周开锡致信，阐述自己对日意格等所拟定的学堂章程各条文的意见，从中可以看到船政学堂章程的大致面貌。《选派船政生徒出洋肄业章程》是1877年船政向欧洲派出首批留学生时制定的留学生管理制度，此后的几次留学活动大都延续参考了这一章程。

　　1911年辛亥革命后，船政与船政教育都发生重大变化，船政前、后学堂在1913年分别更名福州海军制造学校和福州海军学校，1926年福州海军制造学校又并入了福州海军学校，《福州海军学校现行章程》即是这一时期该校的制度规章。南京国民政府成立后，改革海军教育制度，参考《福州海军学校现行章程》，在1930年1月20日颁布新规《海军学校规则》，又于1930年11月颁布修订的《海军学校办事细则》，随后福州海军学校在1931年更名为海军学校，成为当时中国中央政府治下唯一的一所培育海军军官的专门学校。按照当时的学制，海军学校学生完成在校的全部学业后，还需要前往练习舰、海军练营专修不同的专业课程，《海军航海练生学习舰课暂行规则》《海军航海练生学习水鱼雷暂行规则》《海军航海练生学习枪炮暂行规则》《海军轮机练生学习厂课暂行规则》这一系列规则，即是民国南京政府时期，海军学校学生进入各种专业教育阶段的教育规章，颁布于1933年，一直沿用到抗日战争时代。

艺局章程〔1〕

一、各子弟到局学习后，每逢端午、中秋，给假三日。度岁时于封印日回家，开印日到局。凡遇外国礼拜亦不给假。每日晨起夜眠听教习洋员训课，不准在外嬉游，致荒学业，不准侮慢教师、欺凌同学。

一、各子弟到局后，饭食及患病医药之费均由局中给发。患病较重者，监督验其病果沉重，送回本家调理。病痊后即行销假。

一、各子弟饭食既由艺局供给，仍每名给银四两，俾赡其家以昭体恤。

一、开艺局之日起每三个月考试一次，由教习洋员分别等第。其学有进境，考列一等者，赏洋银十元；二等者无赏无罚；三等者记惰一次；两次连考三等者戒责；三次连考三等者斥出；其三次连考一等者，于照章奖赏外，另赏衣料以示鼓舞。

一、子弟入局肄业，总以五年为限。于入局时取具其父、兄及本人甘结。限内不得告请长假，不得改习别业，以取专精。

---

〔1〕录自《船政奏议汇编点校辑》，海潮摄影艺术出版社2006年版，第16页。

一、艺局内宜拣派明干正绅常川住局稽察师徒勤惰，亦便剋学艺事，以扩见闻。其委绅等应由总理船政大臣遴选给委。

一、各子弟学成后，准以水师员弁擢用。惟学习监工、船主等事，非资性颖敏之人不能。其有由文职文生入局者，亦未便概保武职，应准照军功人员例议奖。

一、各子弟之学成监造者、学成船主者，即令作监工、作船主。每月薪水照外国监工、船主辛工银数发给。仍特加优擢，以奖异能。

沈葆桢致周开锡酌议学堂章程函 [1]

筱涛世仁兄大公祖阁下：

昨接轮船监督两禀，一请教习曾来顺薪水，自当照准；一议学堂章程，谨以鄙意参之，条列如左：

第一条　学堂以铁厂开工之日起限五年，自为稍宽时日以期必成起见，可行。学生有不遵章程者随时斥退，亦可行。

第二条　伏日给假原为体恤学生起见，但较之原定章程转多间断，宜仍照原定章程，多一日之功，便速一日之效。

第三条　除年节外，不准回家。礼拜日准父母亲戚看视。有病，验实方准回家医治。具属可行。惟父母之丧，断不能不给假百日。

第四条　三个月考验一次，分别赏罚，与原定章程相符，可行。

第五条　学生肄习两个月后，察后再定去留。入学者不得过二十岁，并须未娶之人。可行。

第六条　眠食读书，各有一定时刻。可行。

---

〔1〕录自沈丹昆编：《沈葆桢手迹》，福建省音像出版社2008年版。题名为编者后加。

第七条　学生月给五两，所费固属无多，惟左宫保已定四两在先，外议并不嫌少，可不必纷更。此后学成一层，每月加给银一两；又学成一层，每月再给银一两，以资鼓励。可也。

第八条　学生不肯尽心习学，交委员酌情责罚，以释疑惧。此议极好，应由贵衙门出示晓谕，咸使闻之。

第九条　学习全在专心致志，婚丧准假，虑数十人学皆有成，仅此一二人以作辍而废，于大局固无碍也。

第十条　学生拼出数年辛苦，可以获利，可以传名，自不得不严加约束，其图片刻偷功者，委员随时戒责。

以上十条，当否？乞酌定。如属可行，除已见原定章程者，毋庸重复示知外，其为原定章程所未及者，应由贵衙门补行示谕。至原禀所称，学生应招家中体面并已通中华文字之人，闻贵衙门出示后，已有通晓文理之世家子弟赴局报告矣。所称请旨赏成功之人以较大官职，朝廷用人之际，当亦允行也。

选派船政生徒出洋肄业章程[1]

一、奏派华、洋监督各一员，不分正副，会办出洋肄业事务。俟挈带生徒到英、法两国时，两监督公同察看大学堂、大官厂应行学习之处，会同安插，订请精明教习指授。如应调赴别厂，或须更换教习，仍令会商办理。其督课约束等事，亦责成两监督不分畛域，如遇两监督分驻英、法之时，则应分投照顾。其华员及生徒经费归华监督支发，洋员、洋教习及华文案经费归洋监督支发。每至年底，由两监督将支发各数会衔造报。凡调度督率，每事必会同认真探讨，和衷商榷，期于有成。万一意见不合，许即据实呈明通商大臣、船政大臣察夺。

一、选派制造学生十四名、制造艺徒四名，交由两监督带赴法国习学制造。此项学生既宜另延学堂教习课读，以培根底；又宜赴厂习艺，以明理法，俾可兼程并进，得收速效，以备总监工之选。其艺徒学成后，可备分厂监工之选。凡所习之艺，均须极新极巧，倘仍习老样，则惟两监督是问。如有他厂新式机器及炮台、兵船、营垒、矿厂应行考订之处，由两监督随时酌带生徒量绘。其第一年除酌带量绘外，其余生徒可以无须游历。

---

〔1〕录自《李鸿章全集》7，安徽教育出版社2008年版，第258-260页。

第二、第三年，约以每年游历六十日为率，均不必尽数同行，亦不必拘定时日。

一、选派驾驶学生十二名，交两监督带赴英国学习驾驶兵船。此项学生应赴水师学堂先习英书，并另延教习指授枪炮水雷等法，俟由两监督陆续送格林回次抱士穆德大学员肄习，其间并可带赴各厂及炮台、兵船、矿厂游历，约共一年，再上大兵船及大铁甲船学习水师各法，约二年定可有成。但上兵船之额，可援日本派送肄业之例，陆续拔尤分班派送五六人，其未到班者，仍留大学堂学习。既上兵船，须照英国水师规制，除留辫发外，可暂改英兵官装束，其费由华监督归经费项下支给。内有刘步蟾、林泰曾二名，前经出洋学习，此次赴英即可送入大兵船肄业。

一、制造生徒赴法国官学、官厂学习，驾驶学生赴英国格林回次抱士穆德学堂并铁甲大兵船学习，应请总理衙门先行分别照会驻京之英、法公使，咨会本国外务院准照办理。其英国学习各事，或再由中国驻英钦差大臣就近咨商办理。两项学生每三个月由华洋监督会同甄别一次，或公订专门洋师甄别，并由华监督酌量调考华文论说。其学生于闲暇时，宜兼习史鉴等有用之书，以期明体达用。所有考册，由两监督汇送船政大臣转咨通商大臣备核。其驻洋之期，以抵英、法都城日起计，满三年为限，未及三年之前四个月，由两监督考验学成者送回供差。其中若有数人将成未成，须续习一年或半年者，届时会同禀候裁夺，总以制造者能放手造作新式船机及全船应需之物，驾驶者能管驾铁甲兵船回华，调度布阵丝毫不借洋人，并有专门洋师考取给予确据者，方为成效。如一切办无成效，将监督议处。

一、制造、驾驶两项学生之内，或此外另有学生愿学矿务、化学及交涉公法等事者，由两监督会商挑选，就其才质所近，分别安插学习，支给教习修金，仍由两监督随时抽查功课，令将逐日所习详记送核，亦以三年为期，学成后公订专门洋师考验确实，给有的据，送回供差。

一、两监督及各项生徒，自出洋以迄回华，凡一切肄习功课、游历见闻，以及日用晋接之事，均须详注日记，或用药水印出副本，或设循环簿递次互换，总以每半年汇送船政大臣查核，将簿中所记由船政钞咨南北洋大臣复核。或别国有便益新样之船身、轮机及一切军火水陆机器，由监督随时探明，觅取图说，分别绘译，务令在洋生徒考究精确，实能仿效，一面将图说汇送船政衙门察核，所需各费作正开销。

一、各项生徒如遇所订教习不能认真指授，或别有不便之处，应随时诉明，华监督会同洋监督察看确实，妥为安置。若该生徒无故荒废，不求进益，有名无实，及有他项嗜好者，均由两监督会商分别留遣严究。其员生每月家信二次，信资及医药等费作正开销。或延洋医，或延驻洋钦使之官医，或应另请派拨医生，均于到洋后酌定。万一因攻苦积劳，致有不测之事，则运回等费作正开销，并给薪费一年半，仍酌量情节禀请附奏，以示优恤。如有闻讣丁忧者，学生在洋守制二十七日，另加恤赏，饬该家属具领。

一、此次选派生徒应由监督溯查考绩，详加验看，如有不应出洋滥收带往，不能在官学、官厂造就，以致剔回者，其回费由监督自给。倘生徒赴洋后有借词挟制情事，因而剔回者，即将挟制实在情形禀请，抵华后查明惩究，如咎不在监督者，仍开报回费。实系因病遣回者，不在此例。

一、两监督和衷会办，当互相觉察。万一华监督有敷衍塞责等情弊，而洋监督不行举发；或洋监督有敷衍塞责等情弊，而华监督不行举发者，咎各相等。查有扶同确据，即分别照会咨行，随时撤换，不必俟三年期满。如果事事实际，生徒多优异者，将两监督专折奏请奖叙。

一、此次所议章程，总以三年学有成效为限，若三年后，或从此停止，或另开局面，均由船政大臣、通商大臣会商主裁，外人不得干预。

福州海军学校现行章程^[1]

（1926年）

第一章　总则

第一节　本校为培养海军人才而设，国之强弱系焉，故寻常智育、体育之外，德育尤所注意。

第二节　本校制定规则务必实行，以养成军人服从法律之习惯。

第三节　本校分作航海、轮机、制造三科，每科额设官费生六十名，分作两班以便教导。自费生亦准此办理。

第四节　本校职员自校长以至教官均由海军人员选补，以期用得其长，成效可睹。如遇别项专科乏人教授，可暂时酌聘。

第五节　学生除膳食及应用书籍、纸笔由校备给外，其余概归自备。

第六节　来校肄业者无论远近，往返盘川概由自备。

第七节　学生入校后由校长、总教官、副官、学监随时考查，如有行检不端及痼疾、鲁钝者即行剔退。

---

〔1〕录自《海军军官教育一百四十年》（上），（台湾）"国防部海军司令部"2011年版，第60-68页。

第八节　校中功课中西兼习，刻无暇暑，至升桅、泅水、冒习风涛、演放枪炮及入厂实习，不独功课繁重，且须登高履险，如有他虞，各听天命，家属不得有所藉口。

第九节　新生入校试习一学期，举行甄别，以定去留。

第十节　新招学生除制造科外，于第二学期内派登练习舰练习二个月，视其身体是否与海军相宜，如有不堪造就者即行开除。

第十一节　所有章程规约皆为现行办法，将来查看情形，如有应行改良之处，随时更订以臻完善。

第二章　编制

校长一员

航海总教官一员

轮机总教官一员

制造总教官一员

副官二员

学监三员

正教官三员

副教官五员

国文教员四员

操练官二员

军需官二员

军医官一员

书记官一员

官费生一百八十名

私费生　　名

录事二名

夫役勇丁　名

第三章　课程

第一节　本校学生以海军学业为重，文学次之。

第二节　世界海军学以英、法为最，故本校酌定英、法籍为课本，俟将来教科书译就，即以中文教授。

第三节　本校功课航海科定为五年毕业，轮机科定为五年六个月毕业，制造科定为八年毕业，其应习科学开列于左：

航海科课程

第一学期

英文：初阶、读书、背书、拼音、解字、习字

算学：数学（至八十四页）

国文：读经、历史、地理、伦理、作文

体操：兵式、柔软

第二学期

英文：读本一集、读书、解字、默书、文法一集完

算学：数学（至二百一十一页）

国文：以下科目皆准第一学期浅深，由各科教员编定

体操：同上期

第三学期

英文：读本二集、读书、默书、解字、英语问答、文法二集（完）、舆地

算学：数学（完）、代数（四十六页）、几何（第一卷三十题）

国文

体操

第四学期

英文：读本三集、读书、默书、字义、英语问答、文法三集（上半）、舆地（欧洲）

算学：代数（至九十七页）、几何（至卷二）

国文

体操

第五学期

英文：读本三集、读书、默书、字义、造单句、简单翻译、舆地（亚洲）、文法三集（完）

算学：代数（至二百四十页）、几何（第三卷）、平三角（三分之一）

国文

体操

第六学期

英文：读本四集、读书、默书、字义、造联句、联句翻译、舆地（非洲）、文法四集（四分一）

算学：代数（至三百十二页）、几何（第四卷完）、平三角（三分之二）、几何画法（上半本）

国文

体操

第七学期

英文：读本四集、读书、默书、字义（用英文解释）、尺牍、短篇翻译、舆地（美洲）、文法四集（半本）

算学：代数（完）、几何（五卷界说，六卷完）、平三角、几何画法

物理

国文

体操

第八学期

英文：读本四集、读书、默书、字义（用英文解释）、长篇翻译、地舆（澳洲）、文法四集（完）

算学：几何第十一、十二卷。

物理

重学

化学

量积学

国文

体操

第九学期

英文：海军历史、默书、字义（用英文解释）、论说、翻译（英汉互译）

算学：弧三角、测绘

重学

化学

国文

体操

第十学期

英文：海军历史、读书、字义（用英文解释）、论说、翻译（汉英互译）

测绘

航海术

天文学

国文

体操

轮机科课程

第一学期

英文：初阶、读书、默书、背书、拼音、解字、习字

算学：数学（至八十四页）

国文：读经、历史、地理、伦理、作文

体操：兵式、柔软

第二学期

英文：读本第一集、读书、默书、解字、文法第一集（完）

算学：数学（至二百一十一页）

国文：以下科目皆准第一学期浅深，由各科教员编定

体操：同上期

第三学期

英文：读本第二集、读书、默书、字义、英语问答、文法二集（完）、舆地

算学：数学（完）、代数（四十六页）、几何（第一卷三十题）

国文

体操

第四学期

英文：读本第三集、读书、默书、字义、英语问答、文法第三集（完）、舆地（欧洲）

算学：代数（至九十七页）、几何（至卷二）

国文

体操

第五学期

英文：读本第三集、读书、默书、字义、造单句、简单翻译、文法第三集（完）、舆地（亚洲）

算学：代数（至二百四十页）、几何（至卷三）、平三角（三分之一）

国文

体操

第六学期

英文：读本第四集、读书、默书、字义、造联句、联句翻译、文法第四集（四分一）、舆地（非洲）

算学：代数（至三百十二页）、几何（第四卷完）、几何画法（上半本）、平三角（三分之二）

量积学

国文

体操

第七学期

英文：读本第四集、读书、默书、字义（用英文解释）、短篇翻译、文法第四集（半本）、尺牍舆地（美洲）、

算学：代数（完）、几何（五卷界说，六卷完）、几何画法（下半全）、平三角（完）

静重学（上半本）

水重学（上半本）

国文

体操

第八学期

英文：读本第四集、读书、默书、字义（用英文解释）、长篇翻译、文法第四集（四分之三）、舆地（澳洲）

算学：几何第十一、十二卷。

静重学（完）

水重学（完）

汽机定义、汽机要诀

重学

国文

体操

第九学期

英文：海军历史、论说、翻译（英汉互译）、文法（第四集完）

汽机定义、汽机要诀

航海须知

重学

国文

体操

第十学期

英文：海军历史、论说、翻译（英汉互译）

护用锅炉要则

汽学

热学

图绘

厂作

国文

体操

第十一学期

护用锅炉要则

验马力图说、验马力算法

炭学

火学

图绘

厂作

国文

体操

制造科普通课

第一学期

算学：中等算术

法文：进阶、习字

国文：读经、历史、地理、伦理、作文

体操：兵式、柔软

第二学期

算学：高等算术理解（从本学期始，算学书用法文本教授）

法文：进阶（完）、初等文法、读本（一集）

国文：（以下科目皆准第一学期，浅深由各科教员编定）

体操：同上期

第三学期

算学：代数、几何（平面）

法文：中等文法、第一二读本、翻译短句

国文

体操

第四学期

算学：代数、几何（立体）、图理画法

法文：中等文法、第二读本（完）、短篇翻译、会话

国文

体操

第五学期

算学：平三角、弧三角

法文：高等文法、第三读本、翻译、会话

国文

体操

第六学期

算学：高等代数、解析几何

法文：高等文法、第三读本、翻译、会话

国文

体操

第七学期

算学：高等代数、解析几何

法文：历史、地理、第四读本、中法互译

国文

体操

第八学期

算学：高等代数、解析几何

法文：第四读本、历史、选读报章、中法互译

国文

体操

第九学期

算学：微分、积分

法文：第五读本、选读名文、选读报章、中法互译

物理

化学

力学

国文

体操

第十学期

算学：微分、积分

法文：第五读本、选读名文、选读报章、中法互译

物理

化学

力学

国文

体操

造船专科

第六学年

第十一学期

应用力学（机械材料强弱论）

水力学

水力机

机器图画（应用力学制图及演习）

实地练习（手作实验）

第十二学期

应用力学

水力学

水力机

机器原件

机器图画

实地练习

第七学年

第十三学期

机器原件

机器学

电机学

机器图画

实地练习

第十四学期

热机关

机器制造学

冶金制造学

计划及制图（船用机关）

实事演习

第八学年

第十五学期

船身制造学

炼铁钢学

计划及制图

实事演习

工艺理财学

第十六学期

船身制造学

电气工学

计划及制图

实事演习

工艺理财学

航海科采用英文各科学书目

英文读本

文法

算学

代数

量积学

平面几何

舆地

平面三角法

几何画法

球面三角法

海军历史

测绘

重学

物理

化学

航海术

天文学

轮机科采用英文各科学书目

英文读本

文法

舆地

数学

几何

几何画法

代数

平三角

量积学

静重学

水重学

重学

海军历史

汽机定义摘授

汽机要诀摘授

航海须知

汽机理法摘授

汽机用法摘授

护用锅炉要则

验马力图说

验马力算法

汽学

热学

炭学

火学摘授

制造科采用法文各科学书目

数学

代数

几何

八线

图理画法

高等代数

解析几何

微积分

力学

化学

物理

法文读本共五集

初等文法

中等文法

高等文法

世界历史

世界地理

附注：制造专科各科学讲义由总教官编定教授。

第四节　学生授课时刻按节序参酌长短，约常日堂课六小时，兵操运动二小时。

第五节　学生每入夏令，应在江边学习水性以及风帆舟楫，不放暑假。

第六节　本校功课自甄别后，航海科定为九学期，轮机科定为十学期，制造科定为十五学期。每期足以半年为限，计自正月至六月为一学期，七月至十二月为一学期。

第七节　学生功课满一学期由校长面加考试，分别赏罚，以示惩劝。

第八节　航海科学生每星期停课半日，由操练官带领练习操演、运动或枪炮、帆缆等技。

第九节　国文不定学期，惟逐年接习，每毕一书再习新书，大要以史学为上。每班学生于一星期中以两半日课授汉文，间期作文一篇，由教员视其程度，试以策论、讲义、问答等类，均各记分存查。

第四章　招考

第一节　海军为中华民国之海军，凡属国民皆可投考。

第二节　考格

甲　身家清白，不入外籍者。

乙　年龄十四岁以上，十七岁以下，未娶亲者。

丙　身体健壮，无隐疾，目不近视，能辨颜色者。

丁　国文通顺，能作浅近论说者。

戊　习过外国文，算学有根底者。

第三节　学生入校须具志愿书及保证书

志愿书格式

立志愿书

　　年　岁，　省　府　县人，今因有志求学，取具保证人　保证书，愿入福州海军学校肄业，自入校起均愿遵守校中一切规则，认真勤学，决不中途废弃及请假完娶等事，如有违犯校规或懈怠废学等情，愿听校长按章革退，缴还书籍等件。如或有心怙过滋事，希冀革退，徒业他图，除缴还书籍外，并须认赔所靡学费，按月摊洋二十元，扣算在校日期，如数照缴，不得短少。所具志愿书是实。

三代履历（注明存殁）

曾祖父/母　　　　　祖父/母　　　　　父/母

家住地

现住地

保人　　　　职业　　　　　现住

　　　　　　　　中华民国　年　月　日 立志愿书人　　押

保证书格式

立保证书

（宜用正名，不用别号。有衔职者须书衔名）　省　府　县人，今保得学生　　实系身家清白，品行端正，并无投入外国籍等情，今考入福州海军学校肄业，确能遵守校中一切规则，努力向学，不致中途废弃。倘该生有违悖校规等情，愿听校长按章革退，缴还书籍等件。如或有心怙过滋事，希冀革退，以遂他图，除缴还书籍外，更须另缴所靡学费，每月摊洋二十元，按月扣算，　　情愿一切担保如数赔缴，不得延误。所具保证书是实。

现住地　　　　　　　　　　职业

　　　　　　中华民国　年　月　日立保证书人　　　押

第五章　校员

第一节　校长承船政局长之命，总理全校一切事宜，凡教育、庶务得失利弊，督同各员悉心考查，遇有损益因革事宜，随时呈明船政局长核办，其事体重大者，则由局长转呈海军部审核。

第二节　总教官承校长命，总理全校教务事宜，当热心教育，有划定并考查各班功课之责，每星期日须将本期各班学生所得分数列表汇呈校长查核。

第三节　副官承校长命，总司校内一切庶务，宜强干精明，并当随时发明公德，维持秩序。

第四节　学监有督率学生之责，凡学生起居出入举止行为，均归考查，俾诸生恪守校规，咸知军纪。

第五节　学监须设立学生病假、功过等簿各一，逐日记载，每星期日送由副官汇呈校长察核。

第六节　副官、学监不得同时离校。

第七节　总教官、教官有教授学生功课之责，须循循善诱，悉心指导，务使领悟，不得厌烦。

第八节　国文教员须设立学生分数簿一本，每星期日将学生所学课程评定分数，呈校长察核。

第九节　操练官有教授学生武艺之责，凡兵操、体操、运动、泅水、帆缆、枪炮等技，皆归其督授，须具尚武精神，以养成学生军人之性格。

第十节　军需官专司出纳、额支各款，照章按时领发，所有活支各款须商承副官、校长酌核，每星期日将各额账簿送由副官转呈校长阅核。

第十一节　军医官专司医治员生疾病，凡考查病室、管理药料、预防疫痢皆其专责，每星期日须将本期员生病情并方药等记载专簿，送呈校长查核。

第十二节　书记官专司文牍，具稿送呈校长签阅。

第十三节　学校为海军之基础，服制一节当与军舰一律，凡校中军官、学生须穿军服。

第十四节　各员相见或有事面陈，职小者须举手致敬长者，亦须答礼。

第十五节　校长如因公远出，校内诸事归总教官管理。倘校长、总教官俱出，则由副官管理。

第十六节　各教官、教员非星期日不得无故请假，亦不得无故辍学。

第十七节　各教官、教员告假，据情缮单，呈请校长核准乃能他往。

第十八节　各员如有重大事故或重病、久病请假离校者，应由校长派员兼代，假期并在假薪俸悉照海军给假条例办理。

第十九节　教官、教员于本科功课之外，若由校长或总教官派令兼教他项功课，即须照办，不得推委。

第二十节　本校教官、教员专司本校教授，不得外兼他差。

第二十一节　中外教官、教员均不得在校宣传异教。

第二十二节　教官、教员上下堂时刻概以鸣钟为定，不得以自携之钟表为准。

第二十三节　教官、教员在讲堂时不得携带功课以外之书。

第二十四节　教官、教员不得于功课时间辍业见客，如各员欲引外客入校观览，须先禀知校长，若在功课时间欲入讲堂听讲，须告知当时授课教官、教员，然后引入。

第二十五节　各员不得与学生有馈送宴会等事。

第二十六节　外国教员如遇学生违犯规则者，可照章分别记过，其情节较重者须禀明副官，转请校长核办，不得任意指责。

第二十七节　学生在讲堂授课时有干犯规则者，当分别大小记过指斥，不得瞻徇，其情节较重者由副官转请校长核办。

第二十八节　学生须养其体面，除重大过犯由校长临时裁处外，余以罚站、记过、训斥入补过室诸章示罚，所有旧日军营责罚诸条一概禁止，以养诸生之品格。

第二十九节　书记官遇有紧要公牍，未经校长宣布者，不得外泄。

第三十节　军需官如遇有事告假，须校长允准派员暂代，方可离校。

第三十一节　学生如果有病不能上堂者，军医官须发给病单为凭，以便呈由学监转知本班教官、教员。

第三十二节　凡员生夫役均不得向军需处挪借，以重公款。

第三十三节　教官、教员于功课时间非经校长许可，不得辍业离校，私托他员兼代，以专责成。

第三十四节　校长处应设考勤簿一本，详记各员告病、告假以及勤惰等事，每学期须呈送两份至局长处以便转呈海军部，以凭察核。

第三十五节　校长每至月终应将学生成绩如堂课、告病、告假、犯规、记功、记过、训斥等事列表呈报船政局长，以凭察核，俟一学期满后由局长汇呈海军部核办。

第三十六节　各员请假在三日以外者，须由校长转禀局长核准，方可离校。

第三十七节　凡请假期满未来者，无论曾否续假，均作为逾限等簿以证勤惰。

第六章　学生

第一节　学生既经入选，即为从戎，务须服从命令，忍尝劳苦，以养军人特具之性质。

第二节　学生习课操演寝舆休息均有定时，一闻号令即速遵行，不得迟缓，违者记小过一次。

第三节　学生凡有亲友来校看视，先由门丁引至学生应接室后，即报知该生至室会晤，语毕即退，不得留饭、留宿，亦不得高声谈论，违者记小过一次。

第四节　学生所领书籍、彝器、军械等件务须加意保护，不得毁坏，违者记大过一次，或责令赔偿，以重公物。

第五节　学生既经革退，自到校后所领书籍、彝器、军械等件均须逐一缴还，如有遗失、损毁，责令赔偿。

第六节　学生如遇有听差怠慢不谨，须禀明学监酌量革责，不得任意殴打，违者记大过一次。

第七节　学生不得出入厨房、茶库、仆役之室，违者记小过一次。

第八节　学生遇师长或有事面陈，须举手致敬，违者记小过一次。

第九节　学生不得联名纠众擅立会党及潜附他人党会，违者斥革。

第十节　学生不得离经叛道，妄发狂言怪论，以及著书妄谈刊布报章，违者斥革。

第十一节　学生不得私自购阅稗官小说，违者记小过一次。

第十二节　学生遇有本校增添规则、新施命令，不得任意阻挠抗不遵行，违者斥革。

第十三节　学生不得逾闲荡检，故犯有伤礼教之事，违者斥革。

第十四节　学生不得传布谣言，播弄是非，干预政事并学校事务，违者斥革。

第十五节　学生宜互相亲敬，不得轻侮嘲笑，以至争斗，违者记大过一次。

第十六节　学生在校无论何时均不得喧哗扰乱，肆意秽言。如遇操演时间有因事停操者，亦应归房自习，违者记大过一次。

第十七节　学生不得任意抛弃字纸，涂抹墙壁，攀折花木，违者记小过一次。

第十八节　本校揭示训谕文件表册，不得肆行搯破涂抹，违者记大过一次。

第十九节　学生无论何时，非经奉准不得私自离校，违者记大过一次。

第二十节　学生犯章应罚，不得任意辩饰，希图获免，违者斥革。

第二十一节　学生十二人合用听差一名，如非奉准，不得为一人私事使唤出门，违者记小过一次。

第二十二节　本校设沐浴、修发各所，学生均须按照预定日期到所沐浴、修发，勿得参差，违者记小过一次。

第二十三节　学生在校不准吃烟、戴镜，违者记小过一次。

第二十四节　便溺须赴厕所，无论何时何地均不得趁便溲溺，致多秽气，有碍卫生，违者记小过一次。

第二十五节　本校为培养海军军官，岁靡巨款，本期人尽成材，帑不虚耗，各生既经入选，即应遵循规则，勤勉用功，倘有始勤终息，或临考塞责，希图开革者，除革退外，仍追缴学费。

第七章　讲堂

第一节　鸣钟进堂时，诸生须即行到堂，勿得迟缓，违者记小过一次。

第二节　教官、教员上堂时，学生须全体起立致敬，如教官、教员未到堂前，学生亦须静坐本位，不得涂抹黑板，翻乱教官、教员几屉以及谈笑等等，违者记小过一次。

第三节　学生宜按编定座次归坐，不得越乱，违者记小过一次。（每学期后，学生座次应按期考次第调换一次）。

第四节　学生在堂宜静听讲授，不得谈笑厌倦，违者记小过一次。

第五节　学生在堂不得携带课程以外之书，以及食物、玩具等等，违者记小过一次。

第六节　学生在堂如非教官、教员允准，不得擅行出堂，违者记小过一次。

第七节　各生如有疑义质问，须起立示意，俟教官、教员许可，方得陈辞。第一人言事未毕，第二人亦不得搀越，违者记小过一次。

第八节　学生出堂时宜掩卷起立致敬，俟教官、教员退坐，即鱼贯而出，毋得喧笑拥挤，违者记小过一次。

第九节　每次下堂后，该管听差即须将地板、黑板并椅桌等洗擦洁净，毕将堂门下钥，俟上堂时再启。

第八章　厂场

本校制造一科所以养成造船技师人才，学生入校肄业十学期后，每日应分出三小时由监视官带领各生，顺序遍赴各厂场实地练习，俾知机器之如何构造、如何支配。图画一事，制造科尤见紧要，厂中有图算所一所，亦应前往学习，学生既知制图、造模、制机并熟铁其合拢分解之法，则技师之学识具矣。管轮科学生从第十学期始，亦须入轮机、合拢两厂实地练习，兹将入厂规则开列于左：

第一节　本校附近各厂即就厂中择匠首中之技术精巧、学识优长、素有经验者，掌授实技，诸生入厂时须自视与工匠同等，务宜耐劳忍苦，细心听其指导，不得轻视侮慢。

第二节　本校定有厂场，制服各生于实习间前十分钟各宜一律整换，不得参差。迨鸣号钟后，即当鱼贯随实习监视官带领入厂。

第三节　实习时间之内，一切言动举止悉归实习监视官监视，至于违犯规则等事，悉由监视官处罚。

第四节　图算所实习时间内，除关于应行携带书籍、讲义、画具之外，不准携带他物。

第五节　诸生在厂学科以手作量绘实验司机等事为重，各宜细心研究，就其所见者作为日记，以征实学，以促进步。

第六节　在厂场内无论实习时间内外，不准高声谈语、朗诵、歌曲。

第七节　实习时间除确有疾病事故须向教官声请暂处外，不得任意散掷。

第八节　实习应用器具物品均有定所，用毕均须安置原位，不得任意散掷。

第九节　实习上应用器具料件务宜加意爱护，如有破损遗失，查出责令赔偿。

第十节　当实习时内，不得与参观人接谈，如有特别参观请求说明者，必受监视官许可后，方可离席解释。

第十一节　场内以洁净为主，所有废物不得任意抛掷。

第十二节　凡遇有监视官因公外出时，所有该管监工员命令诸生，均当服从。

第九章　操场

第一节　学生在操场宜有尚武之精神，须听操练官号令，不得欹斜厌倦笑语喧哗以及参差乱队，违者记大过一次。

第二节　体育一科本校极为注意，学生不得托故规避，凡未经军医官许可，擅自不到者，记小过一次。

第三节　打靶一事为军人重要学科，学生宜专心学习，不得托避，违者记大过一次。

第四节　学生出操不得迟到，亦不得先行出队，违者记小过一次。

第五节　鸣号学习泅水时，各生须到操场列队，俟操练官带领步往江边，不得争先落后，回校时同，违者记小过一次。

第六节　游戏运动为体育要点，学生宜踊跃练习，方可养成军人体格，不得偷懒退缩以及扰乱秩序、拥挤争闹，违者记小过一次。

第七节　一切器械操练时由枪炮教练所取出，操毕即当送归原处，各生不得私自扣留，违者记小过一次。

第八节　兵操及游戏器械学生须加意爱护，违者记小过一次。

第九节　学生非有操练官同往，不得自到江边学习水性，违者记大过一次。

第十节　全校学生每年夏初、冬初开运动大会两次，由校中购备奖品，临场发给，以资策励。

第十章　学舍

第一节　学生早晚点名两次，鸣钟即到，肃静听点，不得笑语，亦不得迟缓，违者记小过一次。

第二节　上灯后各生均须归房温习功课，违者记小过一次。

第三节　息灯后各宜安寝，不得谈笑，亦不得出外散步，违者记小过一次。

第四节　息灯后不得私自继火，违者记大过一次。

第五节　各生寝室每日须令听差打扫，务洁净。

第六节　每日早起，各生须自行整理被帐，违者记小过一次。

第七节　被褥裘毯宜时常洗濯晒晾。

第八节　每星期日上午须将室内各处整理洁净，以备校长查验，违者记小过一次。

第九节　学生不得有酗酒、赌博、烹饪以及争斗辱骂等事，违者记大过一次。

第十节　学舍不得私存溺器及引火之物，违者记小过一次。

第十一节　本校学生不得阅看小说及在禁各书报，违者斥革。

第十二节　学生宜在自己睡床安睡，不得合并调换，违者记大过一次。

第十三节　室内睡床、椅、桌皆有一定位置，不得私行移动，以归一律，违者记小过一次。

第十四节　亲友探视不得留宿，违者记小过一次。

第十五节　自修时间书案不得陈列食物，亦不得聚谈，违者记小过一次。

第十一章　餐堂

第一节　鸣钟赴餐，各宜进堂就常座方位，俟开席到齐方准进食，违者记小过一次。

第二节　每桌以七人为率，教官、教员与学生均宜同桌，如此桌无教官、教员座位者，则应八人共桌，父兄戚友不得留饭。

第三节　进膳时，理宜端坐肃静，不得鸣碗击箸，违者记大过一次。

第四节　厨膳不佳，由管理员责令厨役更换，学生不得擅自毁坏食器，践弃食品，以及直与厨役交接等事，违者斥革。

第五节　膳馐不堪下咽以及有碍卫生，方准禀由管理员更换，不得以一人之好恶遽责更换，以免纷扰，违者记小过一次。

第六节　学生不得私令厨役煮点添菜，违者记大过一次。

第七节　学生犯病在房，曾经军医官诊视，实属重病者，准先期禀由学堂监饬令厨役预备稀饭小菜。

第八节　国庆纪念日由校备办酒席，员生同宴，藉伸庆祝。

第九节　每年除夕由校备办酒席，员生同宴，惟不得纵情狂欢扰乱秩序。

第十二章　浴房

第一节　本校设浴房一所，以备学生换次轮流沐浴之用，不得纷乱定次。

第二节　学生在浴房时，不得争闹调笑，出浴房时不得赤身跣足。

第三节　浴房理宜洁净，诸生不可乱泼汤水等事，如有污秽，即令差役清理，以上三节违者各记小过一次。

第四节　房内备革履数双，以便进出，惟擦布胰皂等件概由自带。

第十三章　休假

第一节　每逢纪念日停课一天。

第二节　孔圣诞辰停课一天。

第三节　每星期日停课一天。

第四节　元旦前后各停课七天。

第五节　考期后停课二天。

第六节　本校学生有病经军医官诊验，应在校休息，不得离校。

第七节　除纪念日并新年外，凡遇假日，无论本籍外籍学生，均应在校休息，不得外出，违者记小过一次。

第八节　休息日由副官、学监随时传号令，凡有外出散步者，不得远离，违者记小过一次。

第九节　凡遇纪念日、新年休息日及期考后休息日，各生有事请假外出者，应于日暮时回校，不得在外住宿，违者记大过一次。

第十节　星期日凡学生有事须外出者，每月每人只准一次，应于日暮回校，不得在外住宿，违者记大过一次。

第十一节　学生于星期日请假外出，不得逾全校学生四分之一，准假之学生应于日暮回校，不得在外住宿，违者记大过一次。

第十四章　请假

第一节　凡因父母承重各丧请假者，须将家属函电呈请校长察核方可照准，盘川一切由该生自备，假满回校，惟本省者假期不得逾三十天，外省者不得逾四十五天，若逾期未到，即行革除。

第二节　学生在校犯病，经军医官验视应回家调理者，即予准假，盘川一切由该生自备，假满回校，惟本省者假期不得逾三十天，外省者不得逾四十五天。

第三节　学生功课有因以上两节旷废者，务于回校一个月内自行赶齐，否则降班，若无班可降，即行革除。

第四节　学生家在二百里以内者，遇有父母病笃，准由家属具函来校给假回家看视，但为期不得逾七日，若逾期未到或系说辞而去，一经查出，应予分别记过。

第五节　学生有病，由本校军医官诊视，如其不能上堂或不能出操者，由军医官出具病单，自到学监处呈验，以便给假休息。如因病重不能行走，准由同学代呈。

第六节　学生凡在假期之内复遇他故者，无论事之虚实，均不得续行请假，以杜蒙混而免旷废。

第七节　学生家在二百里以外者，凡遇新年请假回籍，应于正月八日到堂，倘逾期至七日者，记小过一次；逾十四日者，记大过一次；逾至二十一日者，作故意希革论，除开革外，应追缴学费。

第八节　学生请假出校须将所领公物缴呈学监处饬令库役妥存，俟回校时再发，以昭慎重。

第九节　学生家在六十里以内者，凡遇新年，准其请假，惟须依限到校，倘逾期一日，应记小过一次。

第十节　凡外籍学生请假回家者，邀准后须由本校派差护送上船，倘有托故勾留，籍以游荡者，一经查出，即行革除。

第十五章　记功

第一节　末学期起满练习打靶，总计中靶次数有逾八成五者，记小功一次，逾九成五者记大功一次，或给射击奖章。

第二节　泅水考试逾五千码者，记小功一次，逾八千码者，记大功一次，或给泅水奖章。

第三节　学生行为有补本校公益，足动观感者，由校长分别大小酌量记功。

第四节　学生练习鼓号能随队操演，逾两学期者，应于毕业考时另记小功一次，以示鼓励。

第五节　二小功并为一大功。

第六节　记小功一次者，期考时于应得分数内每百分赏加一分，记大功一次者，每百分赏加二分。

第七节　每学期堂课分数逾九成者，记小功一次。

第十六章　记过

第一节　学生不守规则，由副官、学监、教官、教员随时惩责，或分别记过。

第二节　记小过一次者，每次期考时于应得分数内每百分扣罚一分。

第三节　记大过一次者，每次期考时于应得分数内每百分扣罚二分。

第四节　已犯之过后又重犯者，是为有心怙过，应加记一次示儆。

第五节　凡由品行记功者（如学期无过及行为有补公益者），准其抵过。

第六节　所犯过失未列在校章者，由校长临时分别大小酌定。

第十七章　退学

第一节　二小过并为一大过，满三大过者。

第二节　不遵约束以及学无长进者。

第三节　品行不端，性情怠惰，戒而不悛者。

第四节　伤残疾病，不能修业者。

第五节　甄别考、期考分数不及五成者。

第六节　毕业期考留堂续习，分数再有不及五成者。

第七节　泅水考分不及半成者。

第八节　不敬师长，藉端侮辱者。

第九节　既已犯章，复来辩饰者。

第十节　擅向衙署投递禀词及寄稿报馆妄谈时事者。

第十一节　遇本校新增规则或禁令，任意阻挠抗不遵行者。

第十二节　私自购阅谬报逆书者。

第十三节　干预不于己之事，以及踰闲荡检有伤礼教之事者。

第十四节　聚众要求藉端挟制停课罢学罢考等事者。

第十五节　补考不到者。

第十六节   未经准假私自离校至一星期不归者，革退并追缴学费。

第十七节   告假过限至二十一天者，革退并追缴学费。

第十八节   故意违犯规则希图革退者，革退并追缴学费。

第十九节   学生有因事不能修业自行告退者，须禀校长核准，如所禀不实，意在他图者，追缴学费。

第二十节   学生既经开革，须即日离校，不得稽留不去。

第二十一节   托名请假，私行游荡者。

第二十二节   因厨饭不佳，擅自毁坏食器、践弃食物以及与厨房直接者。

第二十三节   第二学期内在练习舰验其身体与海军不想宜者。

第十八章   考试

第一节   考试其分三项，曰甄别考，曰期考，曰毕业考。

第二节   甄别考于新生入堂试习一学期后举行，查看各生之资质品行，以定去留。

第三节   期考于每学期满后举行。

第四节   毕业考于堂课毕业时举行。

第五节   考试以前温书日数由总教官会同各教官、教员按功课之多寡酌定，不得过多，温书时教官、教员、学生均不得擅离讲堂。

第六节   监考除教官、教员外，办事各员亦须会同监察。

第七节   试卷由本科教官、教员评定分数，呈送总教官禀呈校长查核，列表榜示。

第八节   散题之后未经缴卷不准出场，泄题等事均应预先料理，违者撤卷夺分。

第九节　如有疑问可起立请教官、教员就临致询，不得擅离坐位，亦不得交头接耳，违者撤卷夺分。

第十节　考场内除应用彝器笔墨外，不得夹带书籍底稿，违者撤卷夺分。

第十一节　鸣钟上堂，不得迟到，闻钟下堂，未完卷一律清缴。

第十二节　不得传递、代作并窃视他人试卷，以及有意将自己试卷纵令他人窃视等弊，违者撤卷夺分。

第十三节　交卷后即须离堂，不得稽留不去。

第十四节　每次鸣钟下堂后，各教官、教员即将本班考卷呈缴校长处，以便固封妥存，俟阅卷时再行逐封启发，以昭慎重。

第十五节　考试题目由总教官拟稿，请由校长核准，再行付梓。

第十六节　题目未考之前，无论何人均不得寓目。

第十七节　每班题目先期由校长固封妥存，俟鸣钟上堂时发由总教官按班分给，当堂启封以昭慎重。

第十八节　每年秋分前后举行考试泅水一次，按各生到校年数之多寡，定码数之远近。

泅水分数列后：

首年，满分五百码（每分五码）

次年，满分一千码（每分十码）

三年，满分约一千五百码（每分十五码）

第十九节　泅水所得分数投入考课总分内统计，如有在假不及与考者，无论何故，均作无分算。

第二十节　泅水一技首贵得法，既得矣，自能日练日进，如考试时所得分数尚不及前考者，则虽可按章得费，仍计所短分数，每六百码内记小过一次，以资策励。

第二十一节　考试一事所以别优劣察勤惰，为策励学业之要务，无论何次期考均不得托故长避，倘或临考患病或因事在假，不及与考者，均考后另行补考，不到者革除。

第二十二节　凡补考命题应按本班现有程度设问，所得平均分数除丁忧假仍照五成外，皆以六成作为及格。

第二十三节　国文考分定义二百分为率，将所得分数投入考课总分内，统计余均照以上第七、八、九、十、十一、十二、十三、二十一各节办法。

第二十四节　国文考试就本班讲堂出题，各教员、管理员均应会同监察。

第二十五节　每期考后应由校长饬令各教官将各班学生所得分数编列成表，并期考题目送呈海军部察核。

第十九章　毕业

第一节　学生进校后，航海科定为五年毕业，轮机科定为五年半毕业，制造科定为八年毕业。

第二节　学生堂课既毕，由校长呈清海军部派员并监临考试，须发文凭以征实学。

第三节　学生平日在校一切举止品行，或功或遏，或费或罚，切须注明文凭以资保证。

第四节　所得分数能逾八成者，为一等，逾六成五者为二等，逾五成者为三等，不及五成五者留堂续习续习以观后效。

第五节　毕业考分合国文、泅水等科，定以四千为足。如所得分数以较八成、六成五或五成，所短只在三十分以内者，准其作为最近成数，以示体恤。

第六节　毕业考后，应由校长将各生所得各科分数编列成表，送呈海军部察核。

第七节　计学生在校共经　次期考，凡每考所得平均分数毕业时均须列入文凭成绩表内，合计以验进退。

第八节　毕业考后应请海军部转饬司令处将各生派登练习舰见习。

第九节　送登练习舰见习三个月后，应给假回籍省亲或完娶，往返限期由舰长视学生路途之远近定之，其盘川一切概由自备，倘有逾期未到者，按照舰队旷课规则归舰队司令部惩罚。

第十节　制造科学生毕业后如愿在厂服务者，听之。

第二十章　章服

第一节　学生所着军衣靴帽由校代办，费由学生自备。

第二节　每年每生应备次等呢军衣裤一套，白斜纹衣裤三套（旧生二套），皮靴二双，军帽一顶。

第三节　每生第四学期后应备呢长外套一外。

第四节　服务以洁净为上，不得污垢，夏令衣裤尤宜时常洗濯，庶可有助卫生。

第五节　学生既着军衣，无论何时何地，均不得解钮袒腹，致失观瞻，违者记小过一次。

第六节　学生应穿呢或白军衣，每早由副官按照天气酌定牌示，以归一律。倘有不遵，任便穿着者，记小过一次。

第七节　本校设成衣匠一名，学生军服如有破裂，应由学监饬令修补。

第二十一章　奖赏

第一节　赏项除毕业考有定例外，凡寻常期考皆按分数多寡、学期久暂为定。

第二节　毕业考分数逾九成五者，赏洋二十元。九成者，八元。七成者，六元。六成五者，四元。六成者，二元。

第三节　泅水所得分数于满分之外每逾五百码者赏洋一元。

赏项表

学期＼分数	九成五	九成	八成五	八成
第二三	四元	三元	二元	一元
第四五	五元	四元	三元	二元
第六七	六元	五元	四元	三元
第八九	八元	六元	五元	四元

第二十二章　经费

校长一员月支

总教官三员月支

副官二元月支

海军学校规则^{〔1〕}

（1930年1月20日海军部部令公布）

第一章　组织条例

第一条　海军学校直隶于海军部，办理航海、轮机教育事宜。

第二条　海军学校设教育、训育两组。

第三条　教育组专管一切教务。

第四条　训育组专管一切校务及外勤训育事项。

第五条　海军学校设校长一人，综理校内一切事宜，审定课程，并监督全校人员。

第六条　训育主任一人，管理全校学生各项外勤事项，随时倡导公德并维持全校军纪、风纪。

第七条　学监二人，稽查学生勤惰，并维持军纪、风纪。

第八条　航海、轮机主任教官各一人，担任专门学术教授。

---

〔1〕录自《海军公报》第8期，（民国）海军部1930年版，第5-14页。本规则是福州海军学校改为海军学校后的首个规章。

第九条　正、副、协教官十五人，担任各项学术教授。

第十条　国文教官三人，担任国文教授。

第十一条　正、副操练官三人，担任兵操、体操、运动、泅水等项教练。

第十二条　厂课教官一人，担任厂艺教授。

第十三条　国术教官一人，担任国术教练。

第十四条　中、西医官各一人，担任疗治全校人员疾病及一切卫生事宜。

第十五条　军需官一人，管理出入经费及预算、决算，并查核购置、修缮一切事宜。

第十六条　书记官一人，管理案卷，承办公牍，及典守印信

第十七条　庶务员一人，管理一切杂务及保管校内一切器具。

第十八条　司书三人，专司缮写及印刷。

第十九条　司药一人，管理药品及看护等事。

第二十条　校长及主任教官简任职，训育主任、正副教官、学监、医官及少校国文教官均荐任职，其余教官、职员委任职。

第二十一条　海军学校编制及系统依表所定。

第二十二条　本组织法如有未尽事宜，随时修正之。

第二十三条　本组织法自公布日施行。

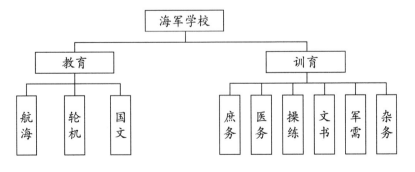

第二章　编制

海军学校编制表											
校长少将											
教官						职员					
航海主任一			轮机主任一			国文教官（少校）一	正操练官（上尉）一	训育主任（中校）一	学监（少校）二	西医官（少校）一	中医官（上尉）一	书记官（中尉）一	军需官（中尉）一
正教官（中校）二	副教官（少校）四	协教官（上尉）四	正教官（中校）一	副教官（少校）二	协教官（上尉）二	国文教官（中尉）一	国文教官（上尉）一 副操练官（中尉）二		庶务员（少尉）一	司药一		司书（准尉）三
				厂课教官（中尉）一			国术教员（少尉）一					

职　别	官阶	任别	人数	薪俸（元）	薪俸结数（元）	成绩优越三年加一级，以正教官、训育主任、副教官、协教官、学监为限。
校　长	少将	简任	1	525	525	
航海主任教官			1			
轮机主任教官			1			
训育主任	中校	荐任	1	250	250	分四级，第一第二两次每级加二十元，第三第四两级每级加三十元，加至三百五十元止。
航海正教官	中校	荐任	2	各250	500	同　上
轮机正教官	中校	荐任	1	250	250	同　上
航海副教官	少校	荐任	4	各180	720	分四级，第一第二两次每级加十五元，第三第四两级每级加二十元，加至二百五十元止。
轮机副教官	少校	荐任	2	各180	360	同　上
学　监	少校	荐任	2	各180	360	同　上
航海协教官	上尉	委任	4	各120	480	分四级，第一第二两次每级加十元，第三第四两级每级加二十元，加至二百五十元止。
轮机协教官	上尉	委任	2	各120	240	同　上
正操练官	上尉	委任	1	120	120	
副操练官	中尉	委任	2	各80	160	
国文教官	少校	荐任	1	180	180	
国文教官	上尉	委任	1	120	120	
国文教官	中尉	委任	1	80	80	
厂课教官	中尉	委任	1	80	80	
西医官	少校	荐任	1	180	180	
中医官	上尉	委任	1	120	120	

海军学校编制预算表

（续表）

职　别	官阶	任别	人数	薪俸（元）	薪俸结数（元）	成绩优越三年加一级，以正教官、训育主任、副教官、协教官、学监为限。
军需官	中尉	委任	1	80	80	
书记官	中尉	委任	1	80	80	
庶务员	少尉	委任	1	60	60	
国术教官	少尉	委任	1	60	60	
司　书	准尉	委任	3	各40	120	
司　药			1	40	40	
学　生	无定额，假定200名			伙食各7	1400	
一等号兵			1	19	19	
二等号兵			1	17	17	
夫　役			40	各12	480	
统　计				279	7081	
附　记	航海及轮机主任教官二员系以洋员充任，官级薪额暂不规定。理化物理各科教官不另定名，即由各教官中遴员教授，但此项教授不分航海班或轮机班，须一律担任。初任教官不得照初级薪额给予，所委外来人员如有学识资望较优，或本军职员薪额已超过初级书目者，得照相等加级薪额给予，但初任薪额定后，将来加级程序仍应依原编制规定办理。					

第三章　总则

第一条　本校暂设于马尾，名曰海军学校。

第二条　本校以养成海军航海、轮机两项专门人才为宗旨。

第三条　本校额设学生二百四十名，分八班，以六班为航海班、两班为轮机班。

第四条　本校修业期限：航海班定为五年，轮机班六年半。

第四章　课程（另列表）

第五章　学期及休假

第一条　学年以一月一日至十二月三十一日为一学年。

第二条　学期以一月一日至六月三十日为一学期，七月一日至十二月三十一日为一学期。

第三条　休假日期如左：

　　一　一月一日，中华民国成立纪念日。

　　二　三月十二日，总理逝世纪念日。

　　三　三月二十九日，七十二烈士殉国纪念日。

　　四　七月九日，国民革命军誓师纪念日。

　　五　十月十日，国庆纪念日。

　　六　十一月十二日，总理诞辰纪念日。

　　七　八月二十七日，孔子诞辰。

　　八　年假三天，自一月一日起至三日止。

　　九　期考后二日。

　　十　星期日。

第四条　学生除休假日期及因病准假外，其余概不给假。

第五条　凡休假日期如遇星期日，不补行放假。

第六章　入学

第一条　身家清白，不入外国籍者。

第二条　年龄足十三岁至十五者。

第三条　身体健全，品貌端正，无暗疾，面不麻，目不近视，及无色盲者。

第四条　考试科目

甲　国文通顺，作论说者。

乙　英文能缀短句者。

丙　算术曾学命分及小数者。

第五条　由各省并华侨选送若干名来部考试。

第六条　海军军官中校以上终身可保送二名（以子孙、弟侄为限）来部考试。

第七条　投考者须随带墨盒、毛笔、墨水笔，并最近四寸半身像片二张，背面注明姓名、籍贯、年龄、三代及通讯地址。

第八条　揭晓除发榜外，登报发表。

第九条　考取后须具志愿书、保证书并取确实保人，盖章呈缴海军部。

第七章　惩戒

第一条　学生违章犯规有失其本分者，应分别记过、禁假及罚站立正。

第八章　退学

第一条　学生犯有左列各项之一者，得由校长令其退学。

一　有第七章第一条之行为，屡戒不悛，或情节较重者。

二　期考不及六成者。

三　身膺痼疾不能修业者。

四　荒废学业不堪造就者。

五　违抗命令不服训诲者。

第二条　学生退学应缴还书籍、军服、仪器等件。

第三条　学生故意违犯校规，希图退学或藉端挟制罢学者，应革退并追缴学费，从入学之日起每月以三十元计算。

第九章　考试

第一条　考试共分三项，一月考，于月终时举行。一期考，于学期满后举行。一修业考，于修业期满举行。

第二条　除月考外，其期考、修业，应先期由校长呈请海军部派员监试。

第三条　每届考试除月考外，学生如因大病不能与考，由训育主任及医生查明确无规避情节，呈请校长准予补考。

第四条　除月考题目由各教官自行命拟外，其期考、修业考均由各教官先期拟就，呈请校长核定。

第十章　附则

第一条　本校办事细则及管理学生规程另定之。

第二条　本规则如有未尽事宜得由校长呈请海军部修正之。

第三条　本规则自公布日施行。

海军学校办事细则[1]

（1930年11月）

第一章　组织条例

第一条　海军学校直隶于海军部，办理航海、轮机教育事宜。

第二条　海军学校设教育、训育两组。

第三条　教育组专管一切教务。

第四条　训育组专管一切校务及外勤训育事项。

第五条　海军学校设校长一人，综理校内一切事宜，审定课程，并监督全校人员。

第六条　训育主任一人，管理全校学生各项外勤事项，随时倡导公德并维持全校军纪、风纪。

---

[1] 录自《海军公报》第17期，（民国）海军部1930年版，第34—75页。本规则是对1930年1月20日颁行的《海军学校规则》的更新和替代，条文上明显结合了1930年1月20日版《海军学校规则》和1926年版《福州海军学校现行章程》两方面的内容，较二者更为详细周密。

第七条　学监二人，稽查学生勤惰，并维持军纪、风纪。

第八条　航海、轮机主任教官各一人，担任专门学术教授。

第九条　正、副、协教官十五人，担任各项学术教授。

第十条　国文教官三人，担任国文教授。

第十一条　正、副操练官三人，担任兵操、体操、运动、泅水等项教练。

第十二条　厂课教官一人，担任厂艺教授。

第十三条　国术教官一人，担任国术教练。

第十四条　中、西医官各一人，担任疗治全校人员疾病及一切卫生事宜。

第十五条　军需官一人，管理出入经费及预算、决算，并查核购置、修缮一切事宜。

第十六条　书记官一人，管理案卷，承办公牍，及典守印信

第十七条　庶务员一人，管理一切杂务及保管校内一切器具。

第十八条　司书三人，专司缮写及印刷。

第十九条　司药一人，管理药品及看护等事。

第二十条　校长及主任教官简任职，训育主任、正副教官、学监、医官及少校国文教官均荐任职，其余教官、职员委任职。

第二十一条　海军学校编制及系统依表所定。

第二十二条　本组织法如有未尽事宜，随时修正之。

第二十三条　本组织法自公布日施行。

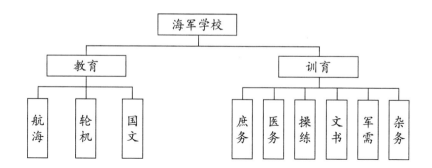

第二章　编制

海军学校编制表														
校长少将														
教官									职员					
航海主任一			轮机主任一			国文教官（少校）一		正操练官（上尉）一	训育主任（中校）一	学监（少校）二	西医官（少校）一	中医官（上尉）一	书记官（中尉）一	军需官（中尉）一
正教官（中校）二	副教官（少校）四	协教官（上尉）四	正教官（中校）一	副教官（少校）二	协教官（上尉）二	国文教官（上尉）一	国文教官（中尉）一	副操练官（中尉）二		庶务员（少尉）一	司药一		司书（准尉）三	
			厂课教官（中尉）一					国术教员（少尉）一						

海军学校编制预算表						
职别	官阶	任别	人数	薪俸（元）	薪俸结数（元）	成绩优越三年加一级，以正教官、训育主任、副教官、协教官、学监为限。
校长	少将	简任	1	525	525	
航海主任教官			1			
轮机主任教官			1			
训育主任	中校	荐任	1	250	250	分四级，第一第二两次每级加二十元，第三第四两级每级加三十元，加至三百五十元止。
航海正教官	中校	荐任	2	各250	500	同上
轮机正教官	中校	荐任	1	250	250	同上
航海副教官	少校	荐任	4	各180	720	分四级，第一第二两次每级加十五元，第三第四两级每级加二十元，加至二百五十元止。
轮机副教官	少校	荐任	2	各180	360	同上
学监	少校	荐任	2	各180	360	同上
航海协教官	上尉	委任	4	各120	480	分四级，第一第二两次每级加十元，第三第四两级每级加二十元，加至二百五十元止。
轮机协教官	上尉	委任	2	各120	240	同上
正操练官	上尉	委任	1	120	120	
副操练官	中尉	委任	2	各80	160	
国文教官	少校	荐任	1	180	180	
国文教官	上尉	委任	1	120	120	

（续表）

职 别	官阶	任别	人数	薪俸（元）	薪俸结数（元）	成绩优越三年加一级，以正教官、训育主任、副教官、协教官、学监为限。
国文教官	中尉	委任	1	80	80	
厂课教官	中尉	委任	1	80	80	
西医官	少校	荐任	1	180	180	
中医官	上尉	委任	1	120	120	
军需官	中尉	委任	1	80	80	
书记官	上尉	委任	1	120	120	
庶务员	少尉	委任	1	60	60	
国术教官	少尉	委任	1	60	60	
司 书	准尉	委任	3	各40	120	
司 药			1	40	40	
学 生	无定额，假定200名			伙食各7	1400	
一等号兵			1	19	19	
二等号兵			1	17	17	
夫 役			40	各12	480	
统 计				319	7121	洋员薪俸及教官加级薪额均未列入统计。
附 记	航海及轮机主任教官二员系以洋员充任，官级薪额暂不规定。 理化物理各科教官不另定名，即由各教官中遴员教授，但此项教授不分航海班或轮机班，须一律担任。 初任教官不得照初级薪额给予，所委外来人员如有学识资望较优，或本军职员薪额已超过初级书目者，得照相等加级薪额给予，但初任薪额定后，将来加级程序仍应依原编制规定办理。					

每月活支			
种类			附记
号衣			学生每年发白号衣三套，每套约四元。呢号衣一套，约十五元。军帽一顶，约二元。皮靴两双，每双约五元。水裤一条，约半元。军役发蓝白号衣各二套，每套约三元，呢号衣一套，约八元，皮鞋二双，每双约三元，帽二顶，约一元四角。轮机学生至第五年起，每年加发厂衣两套，每套约四元，号衣需费若干，俟学生人数确定后另行核算。
特别办公费	交际费等	100	
文具	汉洋笔墨纸张、簿册、印刷、杂品	200	
修缮		60	
消耗	电灯电泡等	160	
邮电		20	
杂支	奖金、旅费、丁役、恤金、杂耗	150	
书籍	仪器在内	500	
医药		60	
统计		1250	
经常活支除号衣外再共		8331	

第三章　总则

第一条　本校暂设于马尾，名曰海军学校。

第二条　本校以养成海军航海、轮机两项专门人才为宗旨。

第三条　本校额设学生二百四十名，分八班，以六班为航海班、两班为轮机班。

第四条　本校修业期限：航海班定为五年，轮机班六年半。

第四章　课程

第五章　学期及休假

第一条　学年以一月一日至十二月三十一日为一学年。

第二条　学期以一月一日至六月三十日为一学期，七月一日至十二月三十一日为一学期。

第六章　入学

第一条　身家清白，不入外国籍者。

第二条　年龄足十三岁至十五者。

第三条　身体健全，品貌端正，无暗疾，面不麻，目不近视，及无色盲者。

第四条　考试科目

　　甲　国文通顺，能作论说者。

　　乙　英文能缀短句者。

　　丙　算术曾学命分及小数者。

第五条　由各省并华侨选送若干名来部考试。

第六条　海军军官中校以上终身可保送二名（以子孙、弟侄为限）来部考试。

第七条　投考者须随带墨盒、毛笔、墨水笔，并最近四寸半身像片二张，背面注明姓名、籍贯、年龄、三代及通讯地址。

第八条　揭晓除发榜外，登报发表。

第九条　考取后须具志愿书、保证书并取确实保人，盖章呈缴海军部。

第七章　学生课程及动作时间表

季别	冬		春			夏			秋			冬
月别 工作	1月	2月	3月	4月	5月	6月	7月	8月	9月	10月	11月	12月
起床	06:15	06:00	06:00	05:45	05:45	05:30	05:30	05:30	05:45	05:45	06:00	06:15
整理寝具服装	06:20	06:05	06:05	05:50	05:50	05:35	05:35	05:35	05:50	05:50	06:05	06:20
洗盥	06:25	06:10	06:10	05:55	05:55	05:40	05:40	05:40	05:55	05:55	06:10	06:25
点名	06:35	06:20	06:20	06:05	06:05	05:50	05:50	05:50	06:05	06:05	06:20	06:25
体操	06:45	06:30	06:30	06:15	06:15	06:00	06:00	06:00	06:15	06:15	06:30	06:45
收操	07:30	07:15	07:15	07:00	07:00	06:45	06:45	06:45	07:00	07:00	07:15	07:30
早餐	07:45	07:30	07:30	07:15	07:15	07:00	07:00	07:00	07:15	07:15	07:30	07:45
堂课	08:00	08:00	08:00	07:45	07:45	07:45	07:15	07:15	07:45	07:45	08:00	08:00
检查	08:30	08:30	08:30	08:30	08:30	08:30	08:30	08:30	08:30	08:30	08:30	08:30
堂课停止	11:30	11:30	11:30	11:30	11:30	11:30	11:30	11:30	11:30	11:30	11:30	11:30
午餐	12:00	12:00	12:00	12:00	12:00	12:00	12:00	12:00	12:00	12:00	12:00	12:00
堂课	13:00	13:00	13:00	13:00	13:00	13:30	14:30	14:30	13:30	13:00	13:00	13:00
检查	13:30	13:30	13:30	13:30	13:30	13:30	13:30	13:30	13:30	13:30	13:30	13:30
堂课停止	16:15	16:15	16:30	16:30	16:30	16:30	16:45	16:45	16:30	16:30	16:15	16:15
训练	16:30	16:30	16:45	16:45	16:45	16:45	17:00	17:00	16:45	16:45	16:30	16:30
训练停止	17:30	17:30	17:45	17:45	17:45	17:45	17:45	17:45	17:45	17:45	17:30	17:30
晚餐	18:00	18:00	18:00	18:00	18:00	18:00	18:00	18:00	18:00	18:00	18:00	18:00
自修	18:45	18:45	18:45	18:45	18:45	19:00	19:00	19:00	18:45	18:45	18:45	18:45
点名就寝	21:15	21:15	21:30	21:30	21:30	21:30	21:30	21:30	21:30	21:30	21:15	21:15
息灯	21:30	21:30	21:45	21:45	21:45	21:45	21:45	21:45	21:45	21:45	21:45	21:45

（续表）

附　记	一、每星期一上午八点半举行纪念周，是日上午工作时间改迟半点。 一、夏季学生学习游泳以堂课缩短之时间，由校长临时酌定行之。 一、沐浴、剪发时间及次数每星期由校长酌量分班指定之。 一、星期日休假日除堂课、体操训练停止外，余均照常动作。 一、星期日上午八点三十分举行整队及全校总检阅，九点三十分宜讲德育。

第八章　校员

第一条　校长、训育主任不得同时离校。

第二条　校长如因公远出，或因事不能执行职务时，校务得由训育主任兼护之。

第三条　主任暨教官有教授学生功课之责，须循循善诱，悉心指导，务使各生领悟，不得厌烦。且系培育军人，师生均有统系，教官对于学生之举动不得以授课之外即漠不相关。

第四条　教官于本科功课之外，若由校长或主任教官派令兼教他项功课，即须照办，不得推诿。

第五条　教官专司教授，不得兼任他差。

第六条　教官应常川驻校，以便学生询问，不得无故离校。

第七条　教职员在校时均须一律穿着制服，以崇体制。

第八条　学监须严密考察学生之举动，并设立学生告病假、功过簿各一，逐日记载，每星期日送由训育主任转呈校长察核。

第九条　各教员须立学生分数簿一本，每星期日将学生逐日所学课程评定分数，送由主任教官转呈校长察核。

第十条　各员相见应照海军敬礼条例行之。

第十一条　教职员告假应据情缮单呈请校长核准，倘在四十八小时以上者，应由校长据情呈部核夺。

第十二条　教官经准假后，其所担任之功课应由校长指派其他教员兼任之，但不得将课程表所规定之课目变更之。

第十三条　教官上下堂时刻以鸣号为准。

第十四条　教官在讲堂时不得携带功课以外之书籍。

第十五条　教官不得于功课时间辍业见客，如各员欲引外客入校观览，应先请示校长许可，若在功课时间欲入讲堂听讲，并须告知当时授课教官，方可引入。

第十六条　学生自修时间，教官应轮流指导。

第十七条　各员不得与学生有馈送宴会等事。

第十八条　教职员均不得宣传异教。

第十九条　各员如遇学生违犯规则者，应照章告明训育主任转请校长记过。

第二十条　学生在讲堂受课时有违犯规则者，当告明主任教官转请校长记过。

第二十一条　学生须养其体面，除重大过犯由校长临时裁处外，余以罚站、训斥、掌责惩戒之，但掌罚至多以十板为限。

第二十二条　书记官有紧要公牍，未经校长宣布者，不得外泄。

第二十三条　学生因病不能上课者，经军医官验明发给病单，向学监请假，并由学监转知该班教官。

第二十四条　凡员生夫役均不得向军需处挪借，以重公款。

第二十五条　教官于授课时间非经校长许可，不得离校，并私托他员兼代，或擅自调换功课。

第二十六条　校长应设考勤簿一本，详记各员告病、告假以及勤惰等事，月终列表呈报海军部察核。

第二十七条　校长应将学生成绩如告病、告假、犯规、记功、记过、训斥、掌责等事列表呈报海军部察核。

第九章　学生

第一条　学生既经入选，即为从戎，应服从命令，坚忍耐劳，以养军人特具之性质。

第二条　学生上课操演寝舆休息均有定时，一闻号令即速遵行，不得迟缓。

第三条　学生凡有亲友来校看视，应先由门丁引至接待室，俟功课时间完毕后报知该生至该室会晤，语毕即退，不得留饭、留宿，亦不得高声谈论。

第四条　学生所领书籍、仪器、军装等件务须加意保护，不得故意毁坏。

第五条　学生无论因何事故，不得自行告退。

第六条　学生如遇有听差怠慢不谨，须禀明学监酌办，不得任意殴打。

第七条　学生不得出入厨房、仆役之室。

第八条　学生不得联名纠众擅立党会及潜附他人党会。

第九条　学生不得离经叛道，妄发狂言，以及著述怪论刊布报章。

第十条　学生不得私自购阅稗官小说。

第十一条　学生遇有本校增添规则、新颁命令，不得任意阻挠抗不遵行。

第十二条　学生不得逾闲荡检，故犯有伤礼教之事。

第十三条　学生不得传布谣言，播弄是非，干预政事并学校事务。

第十四条　学生宜互相亲敬，不得轻侮嘲笑，以至争斗。

第十五条　学生在校无论何时均不得喧哗扰乱，肆意秽言。如遇操演时间有因事停操者，亦应归房演习。

第十六条　学生不得任意抛弃字纸，涂抹墙壁，攀折花木，随处吐痰。

第十七条　本校揭示训谕文件表册，不得肆行撕破涂抹。

地十八条　学生无论何时，非经奉准，不得私自离校。

第十九条　学生犯章应罚，不得任意辩饰，希图获免。

第二十条　学生于卧室清洁等事，均应亲自操作。

第二十一条　本校设盥沐所，学生均须按照预定时刻到所盥沐，勿得参差。

第二十二条　学生在校不准吃烟饮酒。

第二十三条　学生便溺须赴厕所，无论何时何地均不得趁便，致多秽气，有碍卫生。

第二十四条　学生早晚请点名假者，各罚扣一分，归本期考总分数内扣除。

第二十五条　游戏运动除按时在指定场所练习外，各生不得私自购备球毽等物在校内玩耍。

第二十六条　学生未完全毕业不准完娶。

第二十七条　学生应一律剪成光头，以养成军人威仪。

第二十八条　学生外出散步，严禁到不正当之处，及在外滋事。

第十章　办公室

第一条　办公室为校长及各职员办公之所。

第二条　办公室应备左列各簿。

　　　　　传知簿

　　　　　通知簿

　　　　　报告簿

　　　　　校员请假簿

　　　　　学生考勤簿

　　　　　揭示簿

　　　　　物品登记簿

第三条　凡由校内携物出门，应经办公室给单，交予号房方可放行。

第四条　校中来往函件应先送经办公室而后发出，如校长认为有必要时得检查之。

第五条　关于全校管理事务皆由办公室出之。

第十一章　讲堂

第一条　鸣号进堂时，诸生应先集队，由班长率领入堂，勿得迟缓参差。

第二条　教官依时进堂，倘因公迟到，学生亦须静坐本位，不得涂抹黑板，翻乱教官几屉以及谈笑请事。

第三条　学生宜按编定坐次归坐，不得越乱。（每学期后，学生座次应按期考次第调换一次）。

第四条　学生在堂宜静听讲授，不得与邻生相语有厌倦状态。

第五条　学生在堂不得携带课程以外之书，以及食物、玩具等。

第六条　学生在堂未经教员允准，不得擅行出堂。

第七条　学生如有疑义请问，须起立示敬，经教官许可，方得陈辞。

第一人言事未毕，第二人亦不得搀越。

第八条　每次下堂后，该管听差即须将地板、黑板并椅桌等洗扫洁净，毕将堂门下钥，俟上堂时再启。

第九条　学生下堂时须将应用各书随带而出，不得于堂门下钥后任意开门往取。

第十条　教官进堂时，学生均遵班长口令立正。教官出堂时，仍由班长发立正口令，然后鱼贯而出，毋得喧哗拥挤。

第十一条　学生闻自修号后均须归讲堂温习功课。

第十二条　学生自修时不得嬉笑喧哗及伏案假寐。

第十三条　自修时不得携带食物及游戏之具。

第十四条　自修时不得外出。

第十五条　休假之夕照常自修。

第十二章　操场

第一条　操练时间操练官等应先到场指挥，操毕散队后始得离场。

第二条　学生在操场宜有尚武之精神，须听操练官号令，不得欹斜厌倦笑语喧哗以及参差乱队等事。

第三条　学生不得托故规避各种体育训练及射击练习。

第四条　学生出操不得迟到及先行离队。

第五条　学生器械操练时所有器械由器械室取出，操毕即当归还，不得私自移置他处。

第六条　步枪及游戏器械学生须加意爱护。

第七条　全校学生每年夏初开运动大会一次，由校中购置奖品，临场发给，以资策励。

第八条　学生宜专心练习国术，不得偷懒规避。

第十三章　工厂

第一条　学生入厂见习，除服从厂课教官外，应听教授之匠目指导，不得稍存轻视。

第二条　学生出入工厂时均应整队，不得参差。

第三条　学生在厂见习均应整肃，不得有吃烟及谈笑等事。

第四条　学生在厂工作不得私造物品。

第五条　学生所领器具须加意爱护，用后仍置原处，不得任意损坏。

第六条　学生穿着厂衣，不得解纽袒胸。

第七条　学生在厂见习不得挟带课外书籍及报纸食物等件。

第十四章　游泳

第一条　游泳于暑天行之。

第二条　游泳先在学校附近泅水池中练习，俟成绩稍有可观，再往海滨练习。

第三条　鸣号学习游泳时，各生须到操场列队，俟泅水教员带领步往，不得争先落后。

第四条　学生非有泅水教员带领，不得私到水边学习水性。

第五条　学生所用浴衣及救生物件等，用毕应即交还原处。

第六条　游泳时医官须带应用药品随队到场，预备急救等事。

第七条　水边应备有更衣之所，并船只若干，以备不虞。

第十五章　记功

第一条　练习步枪射击，其成绩逾八成五者，记小功一次。

第二条　学生行为有补本校公益，足动观感者，由校长分别大小酌量记功。

第三条　学生练习鼓号能随队操演两学期者，记小功一次，以示鼓励。

第四条　二小功并为一大功。

第五条　每学期堂课分数逾九成者，记小功一次。

第六条　学生每学期未曾请假及未曾记过者，均记小功一次。

第七条　游泳考试逾五千码者，记小功一次，逾八千码者，记大功一次。

第八条　记小功一次者，期考时于应得分数外每百分赏加一分，记大功一次者，每百分赏加二分。

第十六章　记过

第一条　学生如有不守规则，由主任教官、训育主任、学监、教官随时惩责，或分别陈明校长记过。

第二条　军衣不整齐者记小过一次。

第三条　房舍被褥不整洁者记小过一次。

第四条　私购有碍卫生之食物或吃烟者记小过一次。

第五条　规避不上课或装病请假者记小过一次。

第六条　在饭厅藉故生事者记大过一次。

第七条　妨碍公共卫生者记小过一次。

第八条　记小过一次者，期考时于应得分数内每百分罚扣一分。记大过一次者，每百分罚扣二分。

第九条　已犯之过累犯者，应加倍记过。

第十条　月考分数不及三成者记小过一次。

第十一条　所犯过失未列在校章者，由校长、主任教官、训育主任、学监临时分别轻重酌予处罚。

第十二条　学生违犯第九章第二条、第三条、第七条、第十条、第十四条、第十五条、第十六条、第二十二条、第二十三条、第二十五条、第二十七条者，各记小过一次。

第十三条　学生违犯第九章第四条、第六条、第九条、第十七条、第十八条者，各记大过一次。

第十四条　学生违犯第十一章第一条、第二条、第三条、第四条、第五条、第六条、第七条、第九条、第十条、第十一条、第十二条、第十三条、第十四条者，各记小过一次。

第十五条　学生违犯第十二章第三条、第四条、第五条、第六条、第八条者，各记小过一次。

第十六条　学生违犯第十二章第二条者，记大过一次。

第十七条　学生违犯第十三章第二条、第三条、第四条者，各记小过一次。

第十八条　学生违犯第十三章第一条者，记大过一次。

第十九条　学生违犯第十四章第三条者，记小过一次。

第二十条　学生违犯第十四章第四条者，记大过一次。

第二十一条　学生违犯第十九章第七条者，记小过一次。

第二十二条　学生违犯第二十三章第四条、第五条者，各记小过一次。

第二十三条 学生违犯第二十六章第一条、第二条、第九条、第十一条、第十二条、第十五条者，各记小过一次。

第二十四条 学生违犯第二十六章第三条、第八条、第十条者，各记大过一次。

第二十五条 学生违犯第二十七章第一条、第六条、第七条者，各记小过一次。

第二十六条 学生违犯第二十七章第三条、第五条者，各记大过一次。

第二十七条 学生违犯第二十八章第五条者，记小过一次。

第二十八条 学生违犯第三十一章第一条者，记小过一次。

第二十九条 学生违犯第三十二章第一条者，记小过一次。

第三十条 学生违犯第三十三章第二条者，记小过一次。

第三十一条 学生违犯第三十四章第二条者，记小过一次。

第十七章 考试

第一条 考试其分甄别考、月考、期考、修业考四项，甄别考于新生入校修业满三个月举行之，月考于月终时举行，期考于学期满日举行，修业考于修业期满日举行。

第二条 一学期中将历得月考分数平均之，曰期考寻常分，留为修业考寻常分之用。

第三条 历年期考所得之分数平均之，曰期考寻常分，留为修业考寻常分之用。

第四条 期考平均以一百分为满点，能愈八成四以上者为一等，逾七成二以上者为二等，逾六成以上者为三等，不及六成者退学。

第五条　航海班以天文、驾驶为主要课目，轮机班以汽机、电机各学为主要课目，学生修业考试其主要课目所得分数不满六成者，以不及格论。

第六条　考试以前温书日数由主任教官会同各教官按功课之多寡酌定之，但至多不得过五天，温书时教官、学生均不得擅离讲堂。

第七条　考试题目应守秘密，由主任教官拟稿，请由监考官或校长核定后，再行付印。

第八条　每班试题经核定后，由校长固封妥存，鸣号上堂后由校长分给各班教官，当场启封以昭慎密。

第九条　试卷由本科教官评定分数，呈送主任教官汇呈校长审核，列表榜示。

第十条　学生未经交卷，不准出堂，凡便解等事，均应预先料理，违者撤卷夺分。

第十一条　学生不得互相私语及乱抛纸片，违者撤卷夺分。

第十二条　考堂内除应用仪器笔墨外，不得夹带书籍底稿，违者撤卷夺分。

第十三条　学生不得传递、代作并窃视他人试卷，以及有意将自己试卷纵令他人窃视，违者撤卷夺分。

第十四条　鸣号上堂，不得迟到，鸣号下堂，虽未完卷亦应即时呈缴。

第十五条　凡试卷缴后，于写作终结处由监考官盖戳，以杜添改之弊。

第十六条　交卷后即须离堂，不得稽留。

第十七条　每次鸣号下堂后，各教官即将本科考卷呈缴校长固封妥存，俟阅卷时再行发还启封，以昭慎重。

第十八条　考卷应弥封，交卷时监考教官将浮签揭去，汇齐呈缴校长定期阅卷。

第十九条　期考各项学科应列为一榜，国文、操演、游泳各另列一榜。

第二十条　每年白露前后考试游泳一次，按各生到校年数之多寡，定码数之远近。

泅水分数列后：

首年满分五百码

次年满分一千码

三年满分二千码

四年以后满分三千码

第二十一条　前条游泳之考试接连两考不及格者退学。

第二十二条　学生因病假不能与考游泳者，应当补考。如因时令已寒冷，俟次年游泳开始后三星期内补考之。

第二十三条　考试所以别优劣察勤惰，为策励学业之要务，无论何次期考均不得托故畏避，倘或临时患病不及与考者，应予补考，不应考者退学。

第二十四条　补考除已考各科外，应按本班现有程度命题，所得平均分数以六成五为合格。

第二十五条　学期考试及游泳考试，应先期由校长呈请海军部派员监考。

第二十六条　学期考后应由校长饬令各教官将各班学生所得分数列表，并附题目，呈送海军部察核。

第十八章　修业

第一条　学生入校修业期限，航海班定为五年，轮机班六年半。

第二条　学生修业期满，由校长呈请海军部派员监考，并颁发修业证书。

第三条　学生平日在校品行，证书内须注明之。

第四条　修业考主要科目所得分数不及六成者降班续习，以视后效。倘总平均不及六成者，仍应退学。

第五条　修业考后，应由校长将各生所得各项科目分数编列成表，送呈海军部察核。

第六条　学生在校期考所得平均分数修业时均须列入证书成绩表内，其修业考名次应以各平均分数合计定之。

第十九章　休假

第一条　一月一日，中华民国成立纪念日。三月十二日，总理逝世纪念日。三月二十九日，七十二烈士殉国纪念日。五月五日，总理就任非常大总统纪念日。七月九日，国民革命军誓师纪念日。十月十日，国庆纪念日。十一月十二日，总理诞辰纪念日。

第二条　八月二十七日，孔子诞辰一日。

第三条　年假三日，自一月一日起至三日止。

第四条　星期日。

第五条　期考后二日。

第六条　凡休假日如遇星期日，不得补行放假。

第七条　休假日随时鸣号点名，凡有出外散步者，不得远离，闻号即须齐集。

第八条　学生除休假日期及因病准假外，其余概不给假。

第二十章　请假

第一条　学生有病经医官诊视认为不能上课或上操者，给予病单，由学监给假休息。

第二条　凡学生因病请假者，每日内外场功课共扣二分，于期考总分数内扣除，计内场上下午各扣半分，外场扣一分。

第二十一章　退学

第一条　学生由进校起记满四大过者。

第二条　不遵约束，戒而不悛者。

第三条　品行不端，性情卑劣者。

第四条　伤残痼疾，或视听不良者。

第五条　期考、修业考分数不及六成者。

第六条　修业考主要科目不及六成，经降班续习再有不及六成者。

第七条　游泳两考分数不及一成者。

第八条　侮辱师长者。

第九条　既已犯章，复来捏饰者。

第十条　干预政治或军事者。

第十一条　购阅谬逆书报者。

第十二条　聚众要求，藉端挟制，停课罢考，或参加校外运动等事者。

第十三条　夜间私自离校者。

第十四条　故意违犯校章希图退学者，除革退外并追缴学费。

第十五条　学生违犯第九章第八条、第十一条、第十二条、第十三条、第十九条、第二十六条、第二十八条者，各应开革。

第十六条　学生私自离校，逾二十四点不归者革退。

第十七条　学生既经革退，自到校后所领书籍、仪器、操衣等件，均须逐一缴还，如有遗失损坏，责令赔偿。

第十八条　学生既经革退，须即日离校，不得稽留。

第二十二章　礼节

第一条　海军降旗、升旗时，员生如在室外，一闻号音应立正，音止礼毕。

第二条　学生在讲堂或膳厅或学舍见长官来时，须听令行礼，如有所问应立止答之。

第三条　学生在校内外如有遇官长或中外海陆军佐，均须行注目举手礼。

第四条　学生入官长室应行立正脱帽礼。

第五条　学生出房舍时应戴帽。

第二十三章　章服

第一条　学生所着制服靴帽由校发给。

第二条　学生每年发白制服三套、呢制服一套、军帽一顶、皮靴两双及运动衣裤、球鞋、水裤等件。轮机学生至第五年起，每年加发厂衣两套。

第三条　制服以洁净为主，不得污垢，夏令尤宜时常洗濯以重卫生。

第四条　学生既着制服，无论何时何地，均不得解钮袒腹，有失观瞻。

第五条　学生应着何项制服，临时由训育主任按照天气酌定牌示，以归一律。

第六条　每年夏季须将冬季制服缴呈学监妥存库房，随时晒刷，以免损坏，冬季亦应将夏季制服呈缴。

第二十四章　奖赏

第一条　凡期考赏项皆按分数多寡、学期久暂为定。

赏项表

学期　　　分数	九成五	九成	八成五	八成
第一	三元	二元	一元	
第二、三	四元	三元	二元	一元
第四、五	五元	四元	三元	二元
第六、七	六元	五元	四元	三元
第八、九	八元	六元	五元	四元
第十、十一	九元	七元	六元	五元
第十二	十元	八元	七元	六元

第二条　航海、轮机修业考分数逾九成五者，赏洋十二元。九成者，十元。八成五者，八元。八成者，七元。七成五者，六元。

第三条　泅水所得分数于满分之外每逾四百码者赏洋一元。

第二十五章　奖章

第一条　凡学生在学业期间满三年无犯规章者，给予端品章。

第二条　学生在学业期间合左列各项之一者，给予优学章：

一、继续四学期考试分数均在八成五以上者。

一、继续三学期各科考试分数均在八成五以上者。

第三条　学生在学业期间合左列各项之一者，给予超武章：

一、武艺出众者。

一、继续于两次运动会每次有四项游艺列在第二名以内者。

第四条　依前三条各项之规定，给予各章时应给予执照（执照式列后）。

第五条　端品章金色，优学章银色，超武章蓝色，均以银质为之。端品章不分等第，章绶红色。优学章、超武章分三等，一等章绶蓝色，二等章绶白色，三等章绶蓝白二色。

第六条　前条优学、超武两章首次给发，应予以三等章，若能继续笃学尚武，再依照第二、第三各条之规定应进给较高之章，其已得之章及执照应呈由该管长官缴部注销。

第七条　凡给予端品、优学、超武章时，应由该管长官按照第一、第二、第三、第六各条之规定，呈请海军部核给。

第八条　凡已得各种奖章之学生，如因事被革时，应由该管长官将所得之奖章及执照追缴呈部注销。

第九条　凡端品、优学、超武章各不得自行私造佩戴，或佩戴他人所受之奖章。

第十条　凡得有端品、优学、超武章及执照者，如有遗失时，应由该管长官据情呈部核准补给并注销。

第十一条　凡学生转学时，应由该管长官将各学期成绩及奖案随同抄送，以便继续办理。

第十二条　本规则自公布日施行之。

第二十六章　学舍

第一条　学生早晚点名二次，鸣号即到，肃静听点，不得笑语，亦不得迟缓。

第二条　息灯后各宜安寝，不得喧哗，亦不得出外散步。

第三条　息灯后学生不得自行继火。

第四条　各生寝室每日须自行轮流打扫洁净。

第五条　每日晨起，各生须自整理被帐，以白色线毯盖于被上。

第六条　被褥裘枕宜时常洗濯，以重卫生。

第七条　每星期日上午须将室内各处整理洁净，以备校长检查。

第八条　学生不得有赌博、烹饪等事。

第九条　学舍不得私存溺器及引火之物。

第十条　学生宜在自己睡床安寝，不得合并调换。

第十一条　室内睡床椅桌皆有一定位置，不得擅行移动，俾归一律。

第十二条　亲友探视不得留宿。

第十三条　被褥裘枕每星期由学监指定日期晾晒，不得随便。

第十四条　学舍墙壁、门窗等处不得涂污，并不许张挂或裱背一切像框字画。

第十五条　学舍不得私存烹饪器具及洋炉等物。

第十六条　学生除制服外，所有便衣不得存在学舍。

第十七条　舍内不得晒衣，学生如有自行洗濯手巾等件者，应在指定地点及时间晒晾之。

第二十七章　餐堂

第一条　鸣号赴餐，学生应先集队，由学监领入餐堂，按编定名词列座，不得更换。

第二条　全校教职员均应一律在餐堂用饭。

第三条　进膳时理宜端坐肃静，不得喧哗鸣碗击箸。

第四条　学生应自行盛饭。

第五条　膳馐不合，应由学监责令厨役调制，学生不得擅自毁坏食器、践弃食品，以及与厨役交接等事。

第六条　膳馐有碍卫生，应由学监责令厨役更换，不得因一人之好恶擅令更换。

第七条　学生不得私令厨役煮点添菜。

第八条　所有饭食残屑或鱼肉碎骨可置于几碟之上，不得乱投地下。

第九条　学生因病曾经军医诊视，实属重病者，准先期禀由学监饬令厨役预备稀饭小菜。

第十条　学生饭毕须默坐以待师长外出时再按次列队以出。

第二十八章　理化室

第一条　所有仪器及化验药料均一一标明号数，以便检查。

第二条　理化室应随时收拾洁净，其陈设物品宜时加拂擦，不使纤尘微土存乎其间。

第三条　学生应在理化室实验，不得将仪器携出。教官如须用仪器在理化室之外教授时，应开单向管理员提取，课毕仍即缴还。

第四条　学生入理化室实验，入室应在教官之后，出室应在教官之先。

第五条　学生不得在理化室私自化验，或私携物品出室。

第六条　理化室内物品如有损坏，应据情呈报。其有遗失者，管理员应受惩罚。

第七条　模型室暂附在理化室内，其保管规则与理化室同。

第二十九章　图书室

第一条　图书应分门别类编列总目录一册，凡著作者姓名及出版年月均应注明，以便查考。

第二条　图书室备借用图书登记簿一本，借用时应登记某月某日某人借某图书若干件，借用若干日。

第三条　凡借阅之图书不得任意批注，亦不得私带出校及转借他人。

第四条　借阅图书宜加意珍惜，如有损坏及残缺等情，应照全部价值责令赔偿。

第五条　凡借阅图书用毕，应即缴还，但至多不得逾两星期。

第六条　图书室内不得吃烟饮食及谈笑。

第三十章　阅报室

第一条　校中设阅报室一处，购备中外报章，以供员生阅看。

第二条　学生入室阅报虽可任意行坐，但不得狂笑喧哗。

第三条　报纸无论何人均不得携借外出。

第四条　报纸不得毁损、涂抹、裁剪。

第五条　报纸阅毕应还原处，不得随意散掷。

第六条　学生授课操演及自修时间不得阅报。

第七条　中西各报由学监管理，每日饬役次第排列，每一月订为一册，不得错乱散失。

第八条　报纸中关于学术之记载，由学监标明，饬令抄存，以供研究。

第三十一章　理发室

第一条　学生头发应一律剪成一分长，以整军人容仪，违者处罚。

第二条　学生在理发室内不得喧哗，并不得与理发匠闲谈。

第三条　学生应照规定日期轮流理发，不得争先或退后。

第四条　理发器具及室内一切，由学监责令理发匠整理洁净。

第三十二章　盥洗室

第一条　盥洗室务宜洁净，学生不得随地吐痰或任意泼水。

第二条　学生进盥洗室时不得拥挤而入。

第三条　学生应就盥洗室内所列各生名号之处盥洗，不得错乱。

第四条　学生在盥洗室内不得喧哗。

第三十三章　浴室

第一条　校内设有浴室，以备学生沐浴之用，学生每星期照规定时间挨次轮流沐浴，不得争先或居后。

第二条　学生在浴室时不得有争闹泼水等事，出浴室时不得赤身跣足。

第三条　浴室内除备有拖鞋外，擦布胰皂等件概由学生自备。

第四条　学生如有身染疾病，以及疥疮等症，须入指定之室沐浴。

第三十四章　疾病

第一条　学生有病由本校医官诊视，药料一切由校供应。

第二条　学生患病甚微，经医生诊验仍令上堂者，不得违抗。

第三条　学生患病较重，或得传染之疾者，应由医官出具诊断书，陈明校长迁入海军养病所疗治。

第四条　学生有病须于早饭后到诊病室听候医官诊验，如果患病属实，立予病单，以凭呈送学监处请假，重病不能起床者，由学监请医官到室诊视。

第五条　学生如不在诊病时间临时患病，欲请医官施治者，须由学监带领，或给条为凭，前赴医官处诊视。

第六条　学生在校身故，除棺椁衣衾由校备办价值约百元外，再由校长呈请海部给予恤银一百元，以示体恤，惟运柩一节，须由该生家属自行担任。

第三十五章　勤务兵

第一条　勤务兵中挑选六名编为卫兵。

第二条　勤务兵无证出门者，卫兵立即阻止。

第三条　卫兵室设有函电簿一、物件出校簿一、来宾接见簿一，按日登记，每星期日送呈训育主任察阅一次。

第四条　卫兵轮流站岗，其余应在号房司传达之事。

第五条　校内消防队以勤务兵编成之，每星期由操练官监督操演一次，卫兵除站岗外，均应加入。

第六条　勤务兵每年发白号衣两套、皮鞋两双、草帽一顶、蓝号衣两套、呢帽一顶、白帽套三个、呢号衣一套。

第七条　勤务兵因事革退或销差，应将所领服装缴还，否则着保人赔偿。

第三十六章　门禁

第一条　卫兵司门禁及稽查出入事项。

第二条　校门每晚九时关闭，十时上锁，锁钥由卫兵交存办公室。

第三条　行李物件出校，须有办公室凭单方可放行，但见有夹带校中公物得予扣留。

第四条　校中公物除特准外，不得外借。

第五条　学生亲友来校，先至接待室，俟散课后由该生到接待室会晤。

第六条　勤务兵之亲友只准在大门外会晤，不得入校。

第三十七章　参观

第一条　参观人员除经预约者外，则由办公室酌量接待。

第二条　参观人员由号房延入接待室，再由管理员导往参观。

第三条　参观人员到接待室须签姓名，于来宾簿以凭考查。

第四条　参观者如人数众多，应酌分数班轮流参观。

第五条　参观者如系本军官长，由校长或训育主任导入讲堂时，教官应令学生立正，此外无庸敬礼。

第六条　参观人员不得在讲堂吃烟及随处吐痰。

第七条　参观人员虽系教职员或学生之亲友，亦不得在讲堂或操场上任意谈笑。

第八条　参观人员不得翻阅学生书籍及移动各种陈列之仪器。

第三十八章　附则

第一条　本细则系现行办法，如有应行增减之处，得由校长呈请核办。

第二条　本细则公布后，所有前福州海军学校暂行规则废止之。

第三条　本细则自公布日施行。

修正海军学校办事细则
第二十五章第五条、第六条条文[1]

原文　端品章金色，优学章银色，超武章蓝色，均以银质为之。端品章不分等第，章绶红色。优学章、超武章分三等，一等章绶蓝色，二等章绶白色，三等章绶蓝白二色。

修正文　端品章红圈金字，章绶当中蓝色，两边红色。优学奖章黄圈

---

〔1〕录自《海军公报》第41期，（民国）海军部1932年版，第11页。

蓝字，章绶当中白色，两边蓝色。超武章白圈红字，章绶当中白色，两边红色。端品章不分等第，优学、超武两章分两等，一等梅花及环用金色，二等梅花及环用银色。

原文　前条优学、超武两章首次给发，应予以三等章，若能继续笃学尚武，再依照第二、第三各条之规定应进给较高之章，其已得之章及执照应呈由该管长官缴部注销。

修正文　前条优学、超武两章首次给发，应予以二等章，若能继续笃学尚武，再依照第二、第三各条之规定应进给较高之章，其已得之章及执照应呈由该管长官缴部注销。

海军航海练生学习舰课暂行规则

（附课程表、成绩表）

第一条　航海练生派驻练习舰（下简称练舰）学习舰课，关于教育训练事宜受练习舰队司令之督察。

第二条　航海练生在练舰学习舰课，受舰长、副长之指导监督。

第三条　航海练生教授事宜由教练官商承舰长行之。

第四条　航海练生一切管理事宜由副长及教练官承舰长之命负责分任之。

第五条　练舰各职员得由教练官商请舰长指派辅助教授。

第六条　学习舰课之修业期间定为一年。

第七条　航海练生在舰学习，除功课时间别有规定外，应恪遵练舰各项规章，并按照所派部位随同操作。

第八条　航海练生在舰均卧吊床，定有号数，不得紊乱。

第九条　航海练生所用衣柜、书橱以及桌位（餐膳、上课等）、面盆、挂衣钩等均经派定，不得更易位置。

第十条　练生舱内不得私存有碍卫生或易引火之危险物品，对于舱内各处亦不得任意污毁，或粘挂有碍观瞻之字画。

第十一条　航海练生平时应将衣柜、书橱整理清楚，星期日尤须注意，以备查验。

第十二条　航海练生上下课堂以鸣号为准。

第十三条　航海练生于教练官出入课堂时应起立致敬。

第十四条　航海练生在授课时间应肃静默听，不得有交言嬉笑或倦怠假寐等状。

第十五条　航海练生每日早晚应点名两次，不得有迟到或不到情事。

第十六条　航海练生不得参与外事。

第十七条　航海练生不得聚众要求或藉端挟制。

第十八条　航海练生不得阅看有害身心之书籍及在禁书报或画片。

第十九条　航海练生对于饭菜不得擅令更换，如认为有碍卫生者应呈请副长核办。

第二十条　航海练生如遇士兵、勤务兵及炊事兵等有怠慢不谨行为，应禀明副长办理，不得自行处分。

第二十一条　航海练生亲友来舰探望，须禀明副长许可后，在练生舱内接待，惟不得高声谈论或留膳、留宿。

第二十二条　航海练生除休假日期及因病准假外，概不给假。至休假日离舰者，须于本日七时以前回舰。

第二十三条　航海练生休假日期除依照海军休假规则外，修业考后放假三日。

第二十四条　航海练生因病请假者，应缮单由教练官转呈舰长核准，其病假在三日以上者，并由舰长呈部核夺。

第二十五条　航海练生因病缺课者，每日扣一分，归修业考试总分数内扣除，但经呈部核准者不在此限。

第二十六条　航海练生犯规由教练官或副长陈请舰长办理之。

第二十七条　处罚分训斥、禁足、罚役及记过四项，其情节重大不堪造就或屡犯规章，惩戒不悛者，应呈部核办。

第二十八条　航海练生如因故革退时，其所领书籍、军衣及证书等件均应缴还。

第二十九条　航海练生在学习期内并无记过或无请假者，应各记小功一次。

第三十条　航海练生平时积分逾九成五者，应记小功一次。

第三十一条　航海练生每月应月考一次，月考分数平均于修业考时列入常分计算。

第三十二条　航海练生修业考试以航海天文学、船艺、舰队运用术、天象测算并实用航海术、航用仪器及引港学为主要课目。

第三十三条　航海练生修业考总平均分数不及六成者，或其主要课目不及六成者，应于航海练生全部课程学习完竣自修两个月后，由所派驻见习之舰长呈部派员补行考试，如再不及六成，应即退学。

第三十四条　小功每百分加一分，大功每百分加二分，小过每百分扣一分，大过每百分扣二分，于修业考试总分数内加减之。

第三十五条　本规则如有未尽事宜，得随时修正之。

第三十六条　本规则自公布日施行。

航海练生舰课课程表	
课 目	附 记
航海天文学	外场——包括荡艇、驶风、升桅及舰上操演等。
旋转罗经	
磁罗经	
航海实习	
船表	
天象测算	
船艺	
航程测算	
舰队运用术	
海军军事学	
实用航海术、航用仪器及引港学	
航行公法	
值更官之职责	
海道测量学	
潮汐学	
航海气象学	
轮机理法、轮机用法	
造船大意	
信号	
日记簿	
外场	

课程	航海天文学	旋转罗经	磁罗经	航海罗经	航海实习	天象测算	船表	船艺	航程测算	舰队运用术	海军军事学	实用航海术、航用仪器及引港学	航行公法	值更官之职责	海道测量学	潮汐学	航海气象学	轮机理法、轮机用法	造船大意	信号	日记簿	外场	常分	品行	考勤	功过	总分	平均
成绩表																												
总分	一百分	一百分	一百分	一百分	一百分	一百分	一百分	一百分	一百分	一百分	一百分	一百分	一百分	一百分	一百分	一百分	一百分	一百分	一百分	一百分	一百分	一百分	一百分	一百分	一百分	一百分	三千一百分	一百分
得分																												

海军航海练生学习枪炮暂行规则

（附课程表、成绩表）

第一条　航海练生学习枪炮，其地点暂设于海军练习舰队（下简称练舰）。

第二条　航海练生派往练舰学习枪炮时，关于教育训练事宜受练习舰队司令之督察。

第三条　航海练生在练舰学习枪炮，受舰长、副长之指导监督。

第四条　航海练生教授事宜由教练官商承舰长行之。

第五条　航海练生一切管理事宜由副长及教练官承舰长之命负责分任之。

第六条　练舰各职员得由教练官商请舰长指派辅助教授。

第七条　学习枪炮之修业期限定为六个月。

第八条　航海练生在舰学习，除功课时间别有规定外，应恪遵练舰各项规章。

第九条　航海练生在舰均卧吊床，定有号数，不得紊乱。

第十条　各生所用衣柜、书橱以及桌位（餐膳、上课等）、面盆、挂衣钩等均经派定，不得更易位置。

第十一条　练生舱内不得私存有碍卫生或易引火之危险物品，对于舱内各处亦不得任意污毁，或粘挂有碍观瞻之字画。

第十二条　各生平时应将衣柜、书橱整理清楚，星期日尤须注意，以备查验。

第十三条　航海练生于学习枪炮期内所习课目，除依附表所定者外，应兼习各项操演及值更，其时间由教练官斟酌情形，商承舰长支配之。

第十四条　航海练生于夜间闻救火或警备号令时，应立赴所派部位随同操作，不得迟缓。

第十五条　航海练生上下课堂以鸣号为准。

第十六条　航海练生于教练官出入课堂时应起立致敬。

第十七条　航海练生在授课时间应肃静默听，不得有交言嬉笑或倦怠假寐等状，违者分别记过。

第十八条　航海练生每日早晚应点名两次，不得有迟到或不到情事。

第十九条　航海练生不得参与外事，违者呈部核办。

第二十条　航海练生不得聚众要求或藉端挟制，违者呈部核办。

第二十一条　航海练生如遇士兵、勤务兵及炊事兵等有怠慢不谨行为，应禀明副长办理，不得自行处分，违者惩罚。

第二十二条　航海练生亲友来舰探望，须禀明副长许可后，在练生舱内接待，惟不得高声谈论或留膳、留宿。

第二十三条　航海练生除休假日期及因病准假外，概不给假。至休假日离舰者，须于本日七时以前回舰。

第二十四条　航海练生休假日期之规定如左（在航行中不休假）：

（一）凡中央规定放假之各纪念日。

（二）星期日

（三）星期四下午

（四）年假三日（自一月一日起，至一月三日止）

（五）修业考后三日

第二十五条　航海练生因病请假者，应先由医官验明属实，再缮单呈报教练官转呈舰长核准之，其病假在三日以上者，应由舰长呈部核夺。

第二十六条　航海练生因病缺练者，每日扣一分，归修业考试总分数内扣除，但经呈部核准者不在此限。

第二十七条　航海练生应常着制服，所有服装、被褥均须保持整齐清洁。

第二十八条　航海练生不得阅看有害身心之书籍及在禁书报或画片。

第二十九条　航海练生对于饭菜不得擅令更换，如认为有碍卫生者应呈明副长核办。

第三十条　航海练生平时犯规由教练官会同副长陈明舰长处罚之。

第三十一条　处罚分训斥、禁足、罚役及记过四项，其情节重大不堪造就或屡犯规章，惩戒不悛者，应呈部核办。

第三十二条　航海练生如因故革退时，其所领书籍、军衣及证书等件均应缴还。

第三十三条　航海练生在学习期内并无记过或无请假者，应各记小功一次。

第三十四条　航海练生平时积分逾九成五者，应记小功一次。

第三十五条　航海练生每月应月考一次，月考分数平均于修业考时列入常分计算。

第三十六条　航海练生修业考试以弹道学、射击学、测远镜、海军表尺、火药保管法、各种药弹、药质原理化学及各种舰炮等项为主要课目。

第三十七条　修业考总平均分数不及六成者，应即退学，其主要课目不及六成者，应于航海练生全部课程学习完竣两个月后，由派住见习之舰艇长呈部派员补行考试，并派员监考，如再不及六成，则以不堪造就论，即令其退学。

第三十八条　小过每百分扣一分，大过每百分扣二分，于修业考试总分数内扣除之。

第三十九条　小功每百分加一分，大功每百分加二分，于修业考试总分数内加之。

第四十条　本规则如有未尽事宜，得随时修正之。

第四十一条　本规则自公布日施行。

枪炮课程表	
课　目	附　记
弹道学	一、造成绩表时除弹道学、射击学、测远镜、海军表尺外，其火药保管法、各种药弹包括火药保管法、各种药弹及高射指挥。药质原理化学包括药质原理化学、电机设备、枪炮科训练概要及杂科。各种舰炮包括各种舰炮及炮火观测训练。野炮机关炮包括野炮机关炮及轰击术。火器包括火器及检验。陆战教练包括陆战教练及枪械讲义。常份则包括实弹演习、笔记、平常问答及月考等。 二、枪炮课程之细目另定之。
射击学	
测远镜	
海军表尺	
火药保管法、各种弹药	
高射指挥	
药质原理化学	
电机设备	
枪炮科训练概要及杂科	
各种舰炮	
炮火观测训练	
野炮、机关炮	
轰击术	
火器	
检验	
陆战教练	
枪械讲义	
实弹演习	

课目	弹道学	射击学	测远镜 海军表尺	各种药弹 火药保管法	药质原理化学	各种舰炮	野炮 机关炮	火器	陆战教练	常分	考勤	品行	功过	总分	平均
								成绩表							
总分	一百分	一百分	一百分	一百分	一百分	一百分	一百分	一百分	一百分	一百分	一百分	一百分		一千三百分	一百分
得分															

海军航海练生学习水鱼雷暂行规则

（附课程表、成绩表）

第一条　航海练生在水鱼雷营学习水鱼雷时受营长、副长之指导监督。

第二条　航海练生教授事宜由主任教官商同营长行之。

第三条　水鱼雷营各教官及职员负有辅助教授之责。

第四条　航海练生学习水鱼雷修业期间定为六个月。

第五条　航海练生在营学习，除功课时间别有规定外，其余均应遵守水鱼雷营规章。

第六条　航海练生对于营长、副长及各教官之指导应敬谨服从。

第七条　航海练生在授课时间有犯规者，由教官报告营长惩罚之。

第八条　航海练生于教练官出入讲堂时应起立致敬。

第九条　航海练生因病请假者，应缮单呈请副长转呈营长核准后，再由副长转知本堂教官。

第十条　航海练生因病缺课者，每日扣一分，归修业考试总分数内扣除，但经呈奉海军部特准者不在此限。

第十一条　航海练生在授课时间应肃静默听，不得有交言嬉笑或倦怠假寐等状，违者分别记过。

第十二条　航海练生服装被褥均应整齐洁净，违者记小过一次。

第十三条　航海练生确已犯规，不得强词饰辩，违者记大过一次。

第十四条　航海练生不得参与外事，违者呈部核办。

第十五条　航海练生不得聚众要求或藉端挟制，违者呈部核办。

第十六条　航海练生如遇士兵、勤务兵及炊事兵等有怠慢不谨行为，应禀明副长办理，不得自行处分，违者惩罚。

第十七条　航海练生每日上课须先站队，由副长或值日官点检后列队上堂。

第十八条　航海练生每日早晚应点名两次，不到或迟到者记小过一次。

第十九条　航海练生除星期日及休假日外，不得请假离营，但假日外出应于日落之前回营。

第二十条　航海练生应常着制服。

第二十一条　航海练生上下课堂以鸣号为准。

第二十二条　航海练生不得阅看有害身心之书籍及在禁书报或画片。

第二十三条　航海练生对于饭菜不得擅令更换，如认为有碍卫生者应呈请副长核办。

第二十四条　航海练生因事革退时，其所领书籍、军衣及证书等件均应缴还。

第二十五条　航海练生在学期内并无记过或无请假者，应各记小功一次。

第二十六条　航海练生平时积分逾九成五者，应记小功一次。

第二十七条　航海练生每月应月考一次，月考分数平均于修业考时作为常分。

　　第二十八条　航海练生修业考试其主要课目之白头鱼雷、黑头鱼雷、水雷、无线电学理等四项应各得分数六成方准合并其他课目平均，否则以不及格论，应降下一班续习，以观后效。

　　第二十九条　小过每百分扣一分，大过每百分扣二分，二小过为一大过，于修业考试总分数内扣除之，满二大过者即呈部核办。

　　第三十条　小功每百分加一分，大功每百分加二分，二小功为一大功，于修业考试总分数内增加之。

　　第三十一条　本规则如有未尽事宜，得由营长呈部修正之。

　　第三十六条　本规则自公布日施行。

鱼雷课程表	
课　目	附　记
白头鱼雷	一 扫海包括中小扫海
黑头鱼雷	
五十三生鱼雷	
五十三生发射管及方向机	
鱼雷发射法	
鱼雷战术及港湾防备法	
鱼雷厂课	
水雷	
维克斯水雷及教范	
深水炸弹及投射法	
破雷术	
水雷敷设法及敷设线构成法	
水雷厂课	
抵制潜艇兵器	
无线电学理	
无线电收发	

成 绩 表

课程	航海天文学	旋转罗经	磁罗经	航海实习	船表	天象测算	船艺	航程测算	舰队运用术	海军军事学	实用航海术、航用仪器及引港学	航行公法	值更官之职责	海道测量学	潮汐学	航海气象学	轮机理法、轮机用法	造船大意	信号	日记簿	外场	常分	品行	考勤	功过	总分	平均

海军轮机练生学习厂课暂行规则[1]

第一条 轮机练生学习厂课，其地点暂定在海军江南造船所。

第二条 轮机练生派所学习厂课，受驻在地司令之督察。

第三条 轮机练生在所学习厂课时，受所长之指导监督。

第四条 轮机练生教授事宜由教官商承所长行之。

第五条 轮机练生一切管理事宜由司令部副官及教官承长官之命负责分任之。

第六条 造船所各厂技术人员得由教官商请所长指派辅助教授。

第七条 学习厂课之修业期间定为六个月。

第八条 轮机练生应轮流在所内轮机厂、马达间、木模厂、铸铁厂、打铜厂、锅炉厂、电机厂及绘图室等处学习并实行手作。

第九条 轮机练生应练习汽机、油机、电机之运用及检验。

第十条 轮机练生遇有新造舰船试验各种机器时，应由教官率往见习。

---

〔1〕录自《海军军官教育一百四十年》（上），（台湾）"国防部海军司令部"2011年版，第134—135页。

第十一条　轮机练生修业期满时应合制成绩品一件。

第十二条　轮机练生应各置记事簿一本，将在厂练习所得详记簿内，每星期呈送教官核阅一次，评定分数，于修业考时合计之。

第十三条　轮机练生在厂实习应遵守各厂规章。

第十四条　轮机练生一切动作均应严守纪律。

第十五条　轮机练生如有犯规行为，轻者分别由司令部副官或教官陈明长官处罚，重者由该管长官呈部核办。

第十六条　轮机练生除休假日期及因病准假外，概不给假。至休假日期外出者，须于本日下午七时以前回至驻所。

第十七条　轮机练生休假日期除依照海军休假规则外，修业考后放假三日。

第十八条　轮机练生因病请假者，应缮单由教官转呈所长核准。其病假在三日以上者，并由所长呈部核夺。

第十九条　轮机练生因病缺课者，每日扣一分，于修业考总分数内扣除之，但经部核准者不在此限。

第二十条　轮机练生因犯规记过者，小过每百分扣一分，大过每百分扣二分，于修业考总分数内扣除之。

第二十一条　轮机练生在学习期内并无请假或记过者，应各记小功一次。其品行优越、成绩卓著者，得酌记大功。小功每百分加一分，大功每百分加二分，于修业考总分数内增加之。

第二十二条　轮机练生修业考总平均分数不及六成者，留厂续习两个月，以观后效。

第二十三条　本规则如有未尽事宜，得随时修正之。

第二十四条　本规则自公布日施行。

海军马尾造船所规章

　　中华民国成立后，船政按照功能被拆分为多个独立机构，原船政的制造部门被独立为福州船政局，隶属海军部管辖。1926年，福州船政局改制为海军马尾造船所，《海军马尾造船所暂行组织条例》《海军马尾造船所暂行编制表》是1933年海军部为整顿马尾造船所而修订的规章制度，一直使用至抗日战争胜利时。

海军马尾造船所暂行组织条例[1]

（1933年）

第一条　海军马尾造船所依本条例组织之。

第二条　海军马尾造船所直隶海军部，由马尾要港司令监督，掌理修造舰艇事宜。

第三条　海军马尾造船所设所长一人，由海军部遴选海军人员，呈请国民政府任命之。

第四条　所长承海军部之命，综理所务，并督率所属各处、股、所、队。

第五条　海军马尾造船所置左列各处、股、所、队：

工务处

文书股

会计股

考工所

广储所

陆地工巡队

---

[1] 录自《海军公报》第45期，（民国）海军部1933年版，第21—24页。

水面工巡队

第六条　工务处掌事项如左

一、关于全所厂、坞事项。

二、关于绘图设计事项。

三、关于稽核工务事项。

四、关于保管图案事项。

五、关于采办材料事项。

六、关于估计工程事项。

七、关于军纪风纪事项。

第七条　文书股掌事项如左

一、关于典守印信事项。

二、关于公文函件之撰拟、保存及收发事项。

三、关于汇编统计及报告事项。

第八条　会计股掌事项如左

一、关于款项出纳及预算、决算事项。

二、关于会计稽核事项。

三、关于统计及簿记事项。

第九条　考工所掌事项如左

一、关于工匠考勤事项。

二、关于工匠招募事项。

三、关于工匠工作登记事项。

第十条　广储所掌事项如左

一、关于材料收发事项。

二、关于材料簿记事项。

三、关于材料保管事项。

第十一条　陆地工巡队掌事项如左

一、关于所内巡防事项。

二、关于所内查缉偷漏事项。

三、关于全所消防事项。

第十二条　水上工巡队掌事项如左

一、关于本所附近水面巡防事项。

二、关于本所附近水面查辑偷漏事项。

三、关于水面消防事项。

第十三条　海军马尾造船所修造本军舰艇，如有余力得兼营修造其他船舶。

第十四条　海军马尾造船所处务规则另定之。

第十五条　本条例如有未尽事宜，得呈请海军部修正之。

第十六条　本条例自公布日施行。

海军马尾造船所暂行编制表							
职　务	阶级	任别	人数	薪俸（元）	饷洋（元）	薪俸结数（元）	备　考
所　长	少将	简任	1	525		525	
工程处							
工务长	上校	简任	1	350		350	
估计员	上尉	委任	2	各120		240	
稽核员	少尉	委任	2	各60		120	
各厂工务员	上尉	委任	4	各120		480	轮机厂1、锅炉厂1、船厂1、船坞1
各厂工务员	中尉	委任	5	各80		400	铸铁厂1、铁胁厂1、拉铁厂1、帆缆厂1、电光厂1
工务员	少尉	委任	2	各60		120	
绘图员	少尉	委任	3	各60		180	

（续表）

职　务	阶级	任别	人数	薪俸（元）	饷洋（元）	薪俸结数（元）	备　考
绘图生	准尉	委任	2	各30		60	
司　书	准尉	委任	10	各30		300	工程处2、轮机等8厂各1
文书股							
副操练官	中尉	委任	2	各80		160	
国文教官	少校	荐任	1	180		180	
国文教官	上尉	委任	1	120		120	
国文教官	中尉	委任	1	80		80	
厂课教官	中尉	委任	1	80		80	
西医官	少校	荐任	1	180		180	
中医官	上尉	委任	1	120		120	
军需官	中尉	委任	1	80		80	
书记官	上尉	委任	1	120		120	
庶务员	少尉	委任	1	60		60	
国术教官	少尉	委任	1	60		60	
司　书	准尉	委任	3	各40		120	
司　药			1	40		40	
学　生	无定额，假定200名			伙食各7		1400	
一等号兵			1	19		19	
二等号兵			1	17		17	
夫　役			40	各12		480	
统　计			319			7121	
附　记	航海及轮机主任教官二员系以洋员充任，官级薪额暂不规定。理化物理各科教官不另定名，即由各教官中遴员教授，但此项教授不分航海班或轮机班，须一律担任。初任教官不得照初级薪额给予，所委外来人员如有学识资望较优，或本军职员薪额已超过初级书目者，得照相等加级薪额给予，但初任薪额定后，将来加级程序仍应依原编制规定办理。						

海军马尾造船所暂行编制表[1]

（1933年）

职 务	阶级	任别	人数	薪俸（元）	饷洋（元）	薪俸结数（元）	备 考
所 长	少将	简任	1	525		525	
工程处							
工务长	上校	简任	1	350		350	
估计员	上尉	委任	2	各120		240	
稽核员	少尉	委任	2	各60		120	
各厂工务员	上尉	委任	4	各120		480	轮机厂1、锅炉厂1、船厂1、船坞1
各厂工务员	中尉	委任	5	各80		400	铸铁厂1、铁胁厂1、拉铁厂1、帆缆厂1、电光厂1
工务员	少尉	委任	2	各60		120	
绘图员	少尉	委任	3	各60		180	
绘图生	准尉	委任	2	各30		60	
司 书	准尉	委任	10	各30		300	工程处2、轮机等8厂各1

[1] 录自《海军公报》第45期，（民国）海军部1933年版，第6–15页。

（续表）

职　务	阶级	任别	人数	薪俸（元）	饷洋（元）	薪俸结数（元）	备　考
文书股							
股　长	少校	荐任	1	180		180	
股　员	上尉	委任	1	120		120	兼理洋文
股　员	少尉	委任	1	60		60	
司　书	准尉	委任	3	各30		90	
会计股							
股　长	中尉	委任	1	80		80	兼理统计
股　员	少尉	委任	3	各60		180	
簿　记	准尉	委任	2	各30		60	
考工所							
管理员	少尉	委任	1	60		60	
司　书	准尉	委任	1	30		30	
广储所							
管理员	中尉	委任	1	80		80	
簿　记	准尉	委任	1	30		30	
勤务中士			1		16	16	
勤务下士			2		各14	28	
勤务兵			18		各10	180	
炊事兵			6		各10	60	
合　计			75			4029	
陆地工巡队							
排　长	少尉	委任	1	42		42	
中　士			1		16	16	
下　士			2		各14	28	
上等兵			3		各12	36	
一等兵			9		各10	94[1]	
二等兵			9		各10	90	
勤务兵			1		10	10	
炊事兵			2		各10	20	

（续表）

职 务	阶 级	任 别	人数	薪俸（元）	饷洋（元）	薪俸结数（元）	备 考
合 计			28			335	
水面工巡队							
排 长	少尉	委任	1	42		42	
中 士			1		16	16	
下 士			1		14	14	
上 等 兵			2		各12	24	
一 等 兵			6		各10	63^2	
二 等 兵			9		各10	90	
合 计			20			249	
"吉云"拖船							
正 舵 工			1		40	40	
副 舵 工			1		18	18	
管 车			1		22	22	
水 手			1		11	11	
水 手			4		各10	40	
升 火			1		16	16	
升 火			1		11	11	
伙 夫			1		7	7	
杂 耗					4	4	
合 计			11			169	
"江驭"拖船							
舵 工			1		13	13	
管 车			1		12	12	
水 手			1		10	10	
升 火			1		9	9	
杂 耗					3	3	
合 计			4			47	
"祥麟"小火轮							
正 舵 工			1		15	15	

（续表）

职 务	阶级	任别	人数	薪俸（元）	饷洋（元）	薪俸结数（元）	备 考
副舵工			1		11	11	
管 车			1		13	13	
水 手			1		10	10	
升 火			1		6	6	
杂 耗					8	8	
合 计			5			63	
"祥云"小火轮							
舵 工			1		12	12	
管 车			1		11	11	
水 手			1		11	11	
升 火			1		9	9	
杂 耗					3	3	
合 计			4			44	
公 费						1200	除交际费200元外，余实报实销
统 计			147			6138	
附 记	一 各厂、所、坞匠领首什长匠丁伙夫辛工另册详列。 一 各厂、所、坞消耗料件及邮电文具纸张修缮什支等项均由额支公费一千元以内实报实销。 一 工巡队服装费每月约以七十元开支，全年合计八百四十元，但应发之时先须呈部核准，再行饬制。 一 工匠兵丁病故应领之恤金殡殓费及受伤医药费等，每月约以一百五十元开支，全年合计一千八百元，但先呈部核准方得发给。 一本所因营业发达必须添设职员或添雇工匠时，得呈部核办，其薪饷即由营业纯益项下开支之。						

图书在版编目（CIP）数据

　　船政规章文件汇编 ／ 陈悦编纂．—济南：山东画报
出版社，2017.12
　　ISBN 978-7-5474-2629-6

　　Ⅰ.①船…　Ⅱ.①陈…　Ⅲ.①造船工业-工业史-史料
-福建-近代　Ⅳ.①F426.474

　　中国版本图书馆CIP数据核字（2017）第294643号

责任编辑 秦　超
装帧设计 王　钧
主管部门 山东出版传媒股份有限公司
出版发行 山东画报出版社
　　　　　社　　址　济南市胜利大街39号　邮编 250001
　　　　　电　　话　总编室（0531）82098470
　　　　　　　　　　市场部（0531）82098479　82098476（传真）
　　　　　网　　址　http://www.hbcbs.com.cn
　　　　　电子信箱　hbcb@sdpress.com.cn
印　　刷 山东新华印务有限责任公司
规　　格 170毫米×240毫米
　　　　　　13.5印张　200千字
版　　次 2017年12月第1版
印　　次 2017年12月第1次印刷
印　　数 1-3000
定　　价 39.00元

　　　　　　　　如有印装质量问题，请与出版社资料室联系调换。